© Copyright Upbility Publications LTD, 2022

Cette publication est protégée par le droit d'auteur. La mention des droits d'auteur, présente sur chaque page, doit être conservée sur tous les exemplaires (impressions, etc.) de cette page. L'absence de cette mention constitue une violation de la loi relative aux droits d'auteur et expose le contrevenant à des poursuites judiciaires.

Les opinions exprimées dans cet ouvrage sont uniquement celles de l'auteur. Ce dernier garantit être le propriétaire du contenu de ce livre ou disposer des droits nécessaires sur ledit contenu.

Toute publication ou reproduction du matériel, intégrale ou partielle, de quelque manière que ce soit, ainsi que toute traduction, adaptation ou exploitation de quelque manière que ce soit, sont interdites sans l'autorisation écrite expresse de l'éditeur, sauf pour l'utilisation de courtes citations dans une critique de livre. Est également interdite toute reproduction de la composition, de la mise en page, de la couverture et plus généralement, de tout l'aspect graphique du matériel, par quelque moyen que ce soit (photocopie, moyen électronique ou autre). Tout exemplaire des pages de cet ouvrage doit contenir la mention des droits d'auteurs.

Upbility Publications LTD, 81-83 Grivas Digenis Avenue, 1090 Nicosia, Cyprus

Adresse électronique : info@upbility.eu

www.upbility.fr

SKU: FR-EB1127

Auteur: Kourti Anastasia - P.T.D.E. Patras, MSc LACIC, Université de Sheffield

Traduction et révision des textes: Kaliopi Lolos

# Table des matières

Introduction .................................................................................................. 2

Introduction aux fractions ........................................................................... 4

Comment lire les fractions .......................................................................... 9

La fraction unitaire .................................................................................... 13

Fractions égales à l'unité entière ............................................................. 17

Fractions plus grandes que l'unité entière - Nombres fractionnaires ...... 21

Fractions semblables et dissemblables ................................................... 29

Multiples communs - Plus petit commun multiple .................................... 32

Conversion des fractions dissemblables en fractions semblables .......... 36

Comparaison de fractions ......................................................................... 40

Fractions équivalentes .............................................................................. 45

Fractions écrites sous une autre forme .................................................... 50

Fractions décimales .................................................................................. 55

Addition et soustraction de fractions ........................................................ 57

Problèmes d'addition et de soustraction de fractions .............................. 70

Multiplication de fractions ......................................................................... 74

Fractions inverses ..................................................................................... 85

Division de fractions .................................................................................. 88

Problèmes de multiplication et de division de fractions ........................... 93

Réduction à la fraction unitaire ................................................................. 96

Problèmes de réduction à la fraction unitaire .......................................... 99

Jeux de fractions ..................................................................................... 103

Activités de fractions ............................................................................... 110

© Upbility.fr

# introduction

 Le livre « Fractions | Apprentissage des concepts de base à l'aide de activités » a été écrit afin d'aider les élèves du primaire et du secondaire qui présentent des difficultés avec les exercices de fractions et ont besoin de quelque chose de plus que la théorie et les exercices du manuel scolaire.

C'est pourquoi la structure de le livre est conçue pour les enfants ayant des problèmes de dyscalculie et d'autres difficultés d'apprentissage. Il comporte des énoncés faciles et une explication théorique avant les exercices, et est rédigé de façon facile à comprendre pour les enfant présentant des troubles de l'apprentissage.

Je travaille depuis des années avec des enfants et j'ai remarqué que les fractions sont l'un des concepts les plus difficiles pour les enfants du primaire, mais aussi pour les plus âgés, et surtout pour ceux présentant des troubles de l'apprentissage. Les fractions, en tant que concept, ne sont pas particulièrement familières aux enfants, contrairement aux nombres entiers, par exemple. Nous coupons les tartes en huit parts, mais celles-ci sont rarement égales. Nous mangeons la moitié d'une pomme, mais ce n'est jamais vraiment exactement la moitié. Ce qui manque aux enfants, c'est la visualisation des fractions. C'est la compréhension de ce que signifie $\frac{1}{2}$ mais aussi de ce qui est plus grand que $\frac{1}{5}$. C'est pour cela que la plupart des exercices de cet ouvrage sont effectués à l'aide des activités que vous trouverez à la fin de le livre. De plus, vous trouverez des suggestions pour utiliser les activités dans des jeux avec des fractions.

## Pourquoi des activités ?

L'apprentissage multisensoriel (c'est-à-dire lorsque les stimuli sont donnés sous différentes formes [visuelles, auditives, tactiles] pendant l'enseignement) profite aux enfants, en particulier à ceux qui ont des difficultés d'apprentissage. Le matériel d'encadrement est largement utilisé à la fois dans l'enseignement des mathématiques, surtout dans les petites classes, et dans les programmes d'intervention.

 **Proposition :**
Copie le livre et plastifiez-le. Utilisez du velcro aux endroits où les activités sont insérées, et sur les activités, afin que les enfants puissent coller et décoller les activités. Là où les enfants ont besoin d'écrire, vous pouvez utiliser les feutres de dessin classiques et effacer ensuite avec un papier humide ou une lingette pour bébé au lieu d'une gomme.

# introduction

**À quels enfants s'adresse cet ouvrage ?**

Cet ouvrage s'adresse à tous les enfants présentant des troubles de l'apprentissage, que ce soit en mathématiques uniquement, ou de façon générale. La théorie et les exercices sont présentés de manière à aider les enfants présentant des troubles de l'apprentissage grâce à une méthode spécifique pour comprendre les fractions.

Cet ouvrage convient également aux enfants qui ne présentent pas de difficulté en mathématiques (ou ont besoin d'un peu d'accompagnement), mais ont des difficultés en lecture (décodage et/ou compréhension). Avec ses textes faciles à lire, ce livre peut aider les enfants qui ont des difficultés à lire et à comprendre des énoncés des exercices et des problèmes de mathématiques.

## Qu'est ce que la dyscalculie ?

La dyscalculie est un trouble de l'apprentissage en mathématiques qui, comme la dyslexie, n'a rien à voir avec le QI d'un enfant.

Les signes de dyscalculie en **Maternelle** sont les suivants :

- ☑ L'enfant a des difficultés à compter.
- ☑ Il a des difficultés à combiner un nombre avec un objet, c'est-à-dire à savoir que 3 correspond à des groupes de 3 objets tels que 3 gâteaux, 3 voitures, 3 amis.
- ☑ Il a des difficultés à reconnaître des modèles, comme par exemple : du plus petit au plus grand, du plus haut au plus bas, etc.

Les signes de dyscalculie en **Primaire** sont les suivants :

- ☑ L'enfant a des difficultés à apprendre et à se rappeler des éléments mathématiques de base tels que des paires d'additions, par exemple : 6+4=10.
- ☑ Il utilise encore ses doigts pour compter au lieu d'utiliser des techniques plus sophistiquées (par exemple des calculs mentaux).
- ☑ Il a des difficultés à se rappeler les symboles, ou les confond (+, -, >, etc.).
- ☑ Il a des difficultés à comprendre des concepts simples comme l'inversion dans l'addition (3+5=5+3).
- ☑ Il ne peut pas comprendre la valeur de la position du chiffre.
- ☑ Il ne comprend pas le langage mathématique et ne peut pas concevoir un plan de résolution de problèmes.
- ☑ Il a des difficultés avec les concepts « plus grand » et « plus petit ».
- ☑ Il a des difficultés à retenir les scores dans les sports.
- ☑ Il a des difficultés à compter l'argent.

# introduction aux fractions

Chaque **fraction** est un nombre.
La ligne au milieu de la fraction s'appelle la **barre de fraction**.
Le chiffre au-dessus de la barre de fraction s'appelle le **nominateur**.
Le chiffre en-dessous de la barre de fraction s'appelle le **dénominateur**.
Le **nominateur** et le **dénominateur** sont les **parties** de la fraction.

**EXEMPLE**

2 → nominateur
— → barre de fraction
3 → dénominateur

Je prends différentes activités avec des fractions.
Je trouve quel est le **nominateur** et quel est le **dénominateur**.

Une fraction exprime une **partie** d'un **tout**, c'est-à-dire le nombre de morceaux que nous obtenons d'un tout.
Pour faire une fraction, nous devons diviser le tout en parties **égales**.

# introduction aux fractions

Je prends la carte $\dfrac{5}{8}$ et sa carte illustrée (cercle, rectangle).

→ De combien de morceaux est composé le **tout** ?

→ Combien de morceaux composent la **partie** ?

Je prends les activités illustrées des fractions que j'ai choisies dans le premier exercice. Combien de morceaux y a-t-il dans la **partie** et combien de morceaux y a-t-il dans le **tout** ?
Je note les **fractions**, quelle est la **partie** et quel est le **tout**.

| la fraction | la partie | le tout |
|---|---|---|
|  |  |  |

*L'adulte donne à l'enfant plusieurs activités avec les fractions utilisées dans le premier exercice. Avec chaque activité, il donne la activité illustrée qui correspond à chaque fraction (cercle ou rectangle).*

© Upbility.fr

# introduction aux fractions

Je mets la bonne activité à côté de chaque fraction.

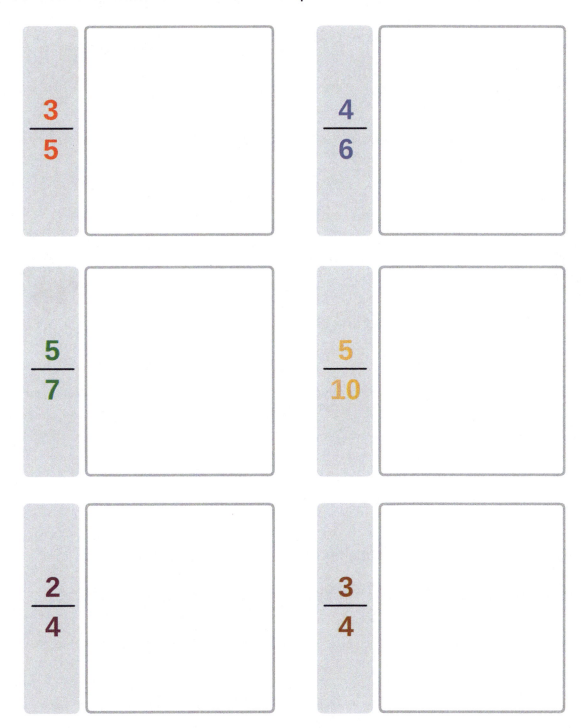

*L'adulte sélectionne les activités illustrées des fractions (cercle ou rectangle). L'enfant choisit la bonne activité et la place à côté de la fraction.*

## Introduction aux fractions

 Monsieur George a mangé les $\frac{2}{8}$ de la pizza.

Je choisis la carte illustrée pour les $\frac{2}{8}$.

 *L'adulte sélectionne différentes activités illustrées avec un cercle (selon le niveau de l'enfant, il peut y en avoir 2 ou plus). L'enfant choisit la bonne activité.*

**2** Madame Sophie a donné les $\frac{3}{10}$ de sa tablette de chocolat à sa petite-fille.

Je choisis quelle est la carte illustrée pour les $\frac{3}{10}$.

*L'adulte sélectionne différentes activités illustrées avec un rectangle (selon le niveau de l'enfant, il peut y en avoir 2 ou plus). L'enfant choisit la bonne activité.*

 La pause dure $\frac{1}{4}$ d'une heure.

Je choisis la carte illustrée pour le $\frac{1}{4}$.

 *L'adulte sélectionne différentes activités illustrées avec un cercle (selon le niveau de l'enfant, il peut y en avoir 2 ou plus). L'enfant choisit la bonne activité.*

© Upbility.fr

# introduction aux fractions

Je mets la bonne activité à côté de chaque image.

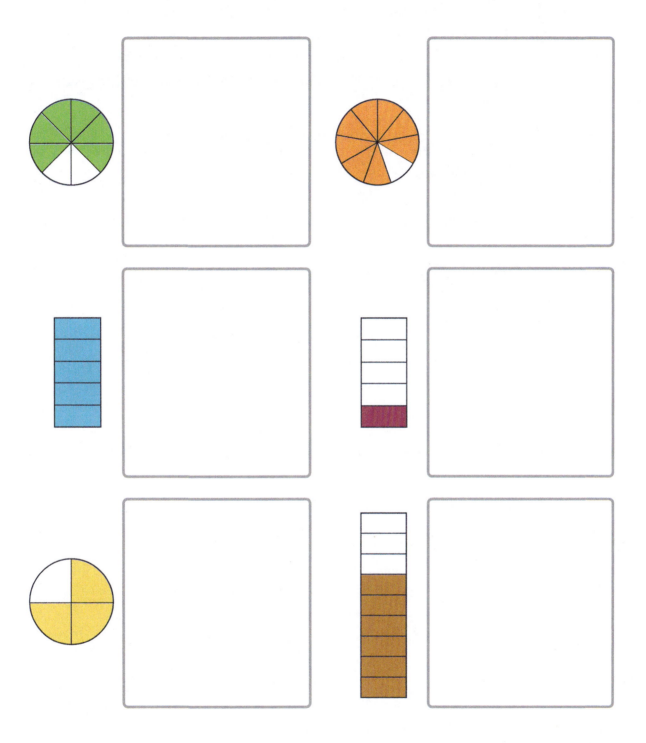

*L'adulte choisit les activités de fraction appropriées. L'enfant choisit la bonne activité et la place à côté de l'image.*

# Comment lire les fractions

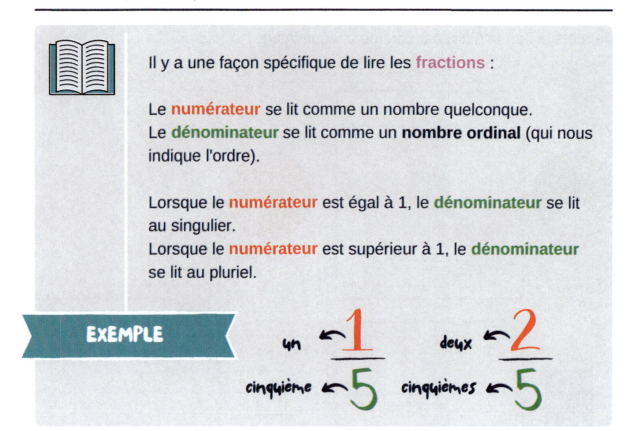

Je place à côté des fractions les activités appropriées avec le nom des fractions.

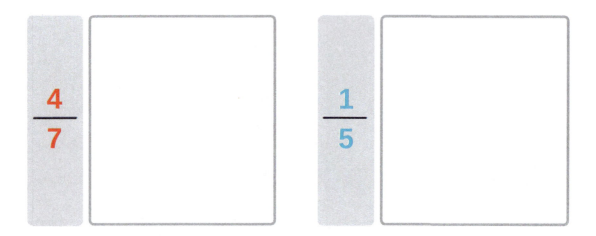

*L'adulte choisit les activités appropriées avec le nom des fractions. L'enfant choisit la bonne activité et la place à côté de la fraction. Si l'enfant a des difficultés, vous pouvez « casser » l'exercice en deux.*

© Upbility.fr

# Comment lire les fractions

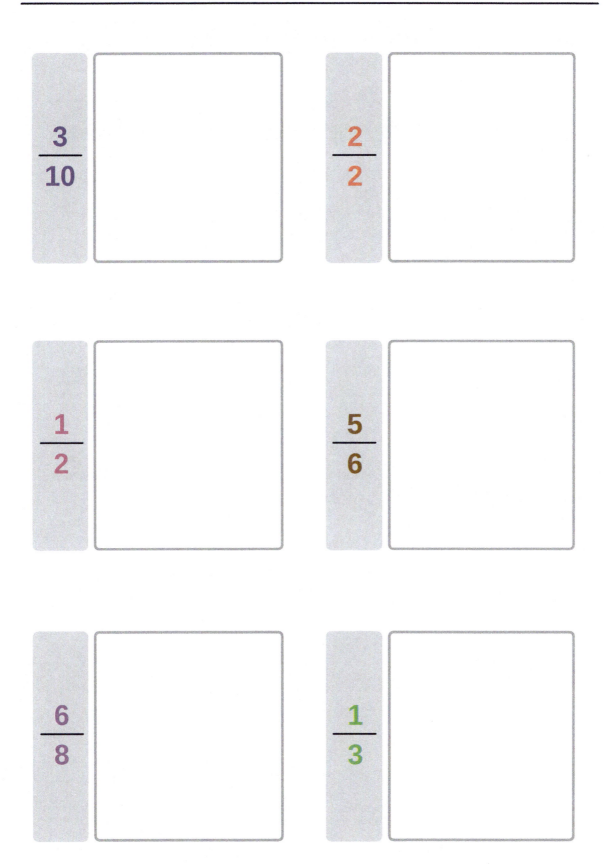

# Comment lire les fractions

Je place les activités de fractions appropriées sous les noms des **fractions**.

| un cinquième | sept dixièmes | deux cinquièmes |

| trois septièmes | cinq sixièmes | neuf neuvièmes |

*L'adulte choisit les activités de fraction appropriées. L'enfant choisit la bonne activités et la place sous le nom. Si l'enfant a des difficultés, vous pouvez « casser » l'exercice en deux.*

# Comment lire les fractions

J'écris ✓ (juste) ou x (faux) en fonction des fractions qui sont écrites correctement et de celles qui sont fausses.

|  |  | |  |  | |
|---|---|---|---|---|---|
| $\frac{2}{3}$ → | deux tiers | ☐ | $\frac{1}{6}$ → | un sixième | ☐ |
| $\frac{3}{5}$ → | cinq tiers | ☐ | $\frac{4}{1}$ → | quatre neuvièmes | ☐ |
| $\frac{7}{8}$ → | sept huit | ☐ | $\frac{5}{7}$ → | cinq septièmes | ☐ |
| $\frac{4}{5}$ → | quatre cinquièmes | ☐ | $\frac{5}{9}$ → | cinq sixièmes | ☐ |

Je note mes observations.

Il y a une façon spécifique de lire les **fractions** :

Le **numérateur** se lit comme un nombre quelconque.
Le **dénominateur** se lit comme_____.

Lorsque le **numérateur** est égal à 1, le **dénominateur** se lit au
_____.

Lorsque le **numérateur** est supérieur à 1, le **dénominateur** se lit au
_____.

# La fraction unitaire

 La **fraction unitaire** st l'**une** des parties égales en lesquelles l'**unité entière** (c'est-à-dire le **tout**) est divisée.

Je place sous les **fractions unitaires** les activités illustrées appropriées des fractions.

$$\frac{1}{10} \qquad \frac{1}{4} \qquad \frac{1}{7}$$

$$\frac{1}{8} \qquad \frac{1}{5} \qquad \frac{1}{2}$$

*L'adulte sélectionne les activités illustrées des fractions (cercle ou rectangle). L'enfant choisit la bonne activité et la place à côté de la fraction. Si l'enfant a des difficultés, vous pouvez « casser » l'exercice en deux.*

# La fraction unitaire

Je place les activités appropriées avec les **fractions unitaires** sous les illustrations des fractions.

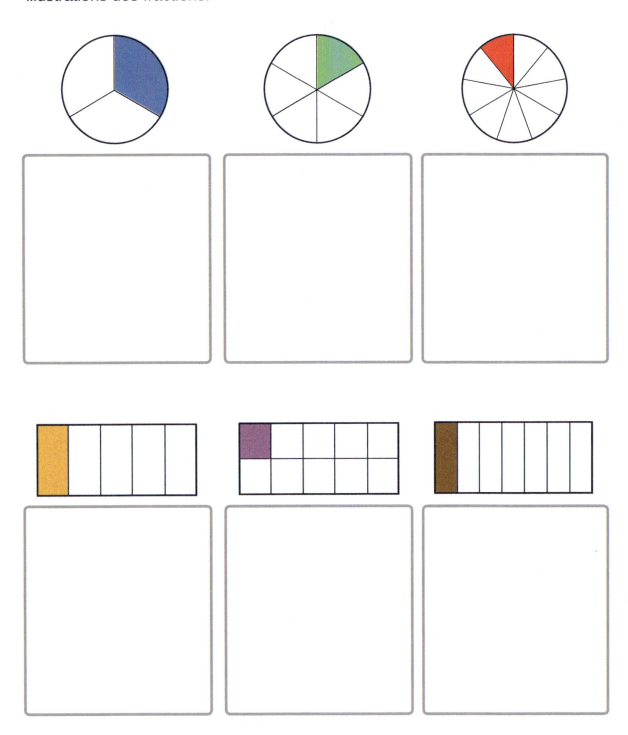

L'adulte choisit les activités de fraction appropriées. L'enfant choisit la bonne activité et la place sous chaque illustration. Si l'enfant a des difficultés, vous pouvez « casser » l'exercice en deux.

© Upbility.fr

# La fraction unitaire

Je trouve les activités avec les fractions égales à la fraction unitaire. J'écris ensuite les fractions. J'utilise également les illustrations des fractions (cercle, rectangle) pour m'aider.

L'adulte choisit différentes activités avec des fractions (certaines égales à la fraction unitaire et d'autres non) et, si nécessaire, la représentation des fractions dans un cercle ou un rectangle. L'enfant choisit les activités qui montrent l'unité entière Si l'enfant a des difficultés, vous pouvez lui donner 2 choix à chaque fois (1 activité avec une fraction unitaire et une autre) et il peut choisir la bonne.

Plus le **dénominateur** est grand, plus la **fraction unitaire** est **petite**.

Plus le **dénominateur** est petit, plus la **fraction unitaire** est **grande**.

Je prends les cartes illustrées des fractions $\dfrac{1}{2}$, $\dfrac{1}{5}$ et $\dfrac{1}{10}$.

*Qu'est-ce que je remarque ?*
*Quand la fraction unitaire est-elle plus petite ?*
*Quand la fraction unitaire est-elle plus grande ?*

# La fraction unitaire

Je prends les activités illustrées avec les fractions unitaires et je les classe de la plus petite à la plus grande. J'observe attentivement la taille de chaque fraction unitaire.

Trouvez toutes les fractions qui sont :

→ inférieures à $\dfrac{1}{5}$

→ supérieures à $\dfrac{1}{4}$

→ entre $\dfrac{1}{3}$ et $\dfrac{1}{6}$

Je note mes observations.

Plus _____ est _____,
plus la **fraction unitaire** est **petite**.

Plus _____ est _____,
plus la **fraction unitaire** est **grande**.

# Fractions égales à l'unité entière

> Lorsque le **numérateur** est égal au **dénominateur**, la fraction est égale à l'**unité entière**.
> L'**unité entière** est le tout.

J'ai placé sous les fractions qui sont égales à une **unité entière** les activités illustrées appropriées des fractions.

$$\frac{5}{5} \qquad \frac{8}{8} \qquad \frac{7}{7}$$

*L'adulte sélectionne les activités illustrées des fractions (cercle ou rectangle). L'enfant choisit la bonne activité et la place sous la fraction. Si l'enfant a des difficultés, vous pouvez « casser » l'exercice en deux.*

# Fractions égales à l'unité entière

# Fractions égales à l'unité entière

Je place les activités de fractions appropriées à côté de chaque image représentant des fractions égales à une **unité entière**.

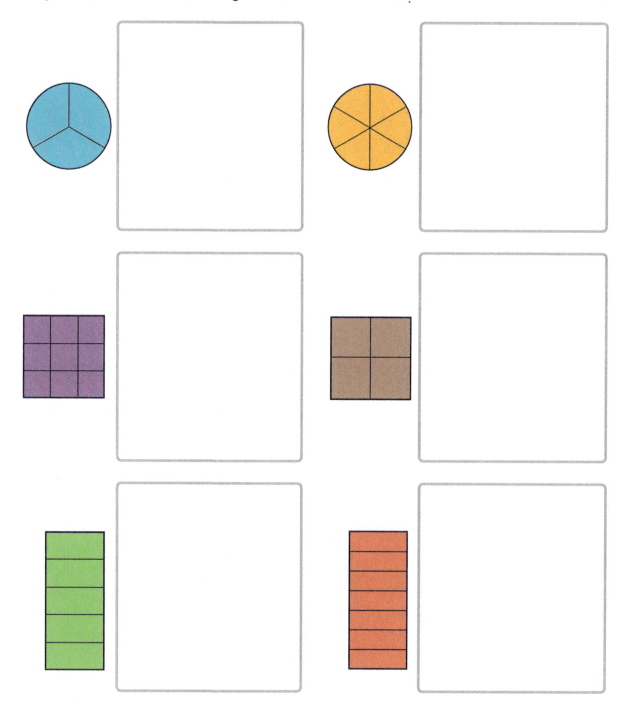

*L'adulte choisit les activités de fraction appropriées. L'enfant choisit la bonne activité et la place à côté de l'image. Si l'enfant a des difficultés, vous pouvez « casser » l'exercice en deux.*

© Upbility.fr

# Fractions égales à l'unité entière

Je note mes observations.

> Les fractions qui ont un **numérateur** et un **dénominateur** égaux sont _____ .
>
> Elles sont aussi égales à _____ .

Je trouve les activités avec les fractions égales à l'unité entière.
J'écris ensuite les fractions. J'utilise également les illustrations des fractions (cercle, rectangle) pour m'aider.

*L'adulte choisit différentes activités avec des fractions (certaines égales à l'unité entière et d'autres non) et, si nécessaire, la représentation des fractions dans un cercle ou un rectangle. L'enfant choisit les activités qui montrent l'unité entière Si l'enfant a des difficultés, vous pouvez lui donner 2 choix à chaque fois (1 activité avec une unité entière et une autre) et il peut choisir la bonne.*

Je pense à des exemples qui montrent l'unité entière et je les écris.
Par exemple : 1 gâteau entier coupé en 10 morceaux égaux.

# Fractions plus grandes que l'unité entière - Nombres fractionnaires

Nous avons dit précédemment que la fraction exprime une **partie** du **tout**,
c'est-à-dire le nombre de morceaux que nous obtenons d'un tout.

Mais souvent, l'ensemble se compose de plus qu'une unité.

Par exemple, nous avons 3 gâteaux, chacun coupé en 8 morceaux et nous voulons prendre 12 morceaux.

Les **fractions** dont le **numérateur** est **plus grand** que le **dénominateur** sont **plus grandes** que **1**.

Les **fractions** dont le **numérateur** est **plus petit** que le **dénominateur** sont **plus petites** que **1**.

$$\frac{12}{8} > 1$$

J'entoure les fractions qui sont **plus grandes** que **1**.

| $\frac{1}{2}$ | $\frac{6}{3}$ | $\frac{8}{12}$ | $\frac{9}{4}$ | $\frac{7}{5}$ | $\frac{9}{10}$ |
|---|---|---|---|---|---|
| $\frac{1}{3}$ | $\frac{15}{12}$ | $\frac{5}{11}$ | $\frac{2}{8}$ | $\frac{6}{5}$ | $\frac{5}{6}$ |

# Fractions plus grandes que l'unité entière – Nombres fractionnaires

J'entoure les fractions qui sont **plus petites** que **1**.

| $\frac{1}{2}$ | $\frac{6}{3}$ | $\frac{8}{12}$ | $\frac{9}{4}$ | $\frac{7}{5}$ | $\frac{9}{10}$ |
|---|---|---|---|---|---|
| $\frac{1}{3}$ | $\frac{15}{12}$ | $\frac{5}{11}$ | $\frac{2}{8}$ | $\frac{6}{5}$ | $\frac{5}{6}$ |

Je pense à des fractions **plus grandes** que **1** et je les écris.

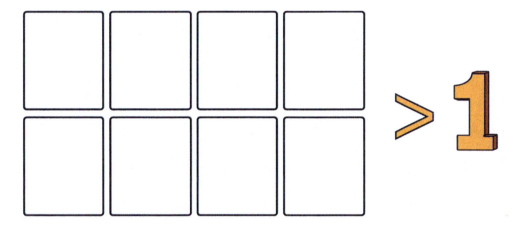

Je pense à des fractions **plus petites** que **1** et je les écris.

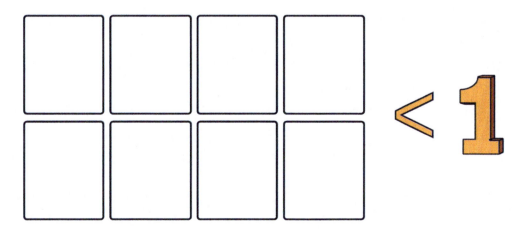

# Fractions plus grandes que l'unité entière - Nombres fractionnaires

Je prends les cartes illustrée $\frac{5}{5}$, $\frac{7}{7}$ et $\frac{9}{9}$.

Les fractions de ces activités illustrées sont égales à 1. Je réfléchis aux activités à associer à ces activités pour illustrer les fractions suivantes.

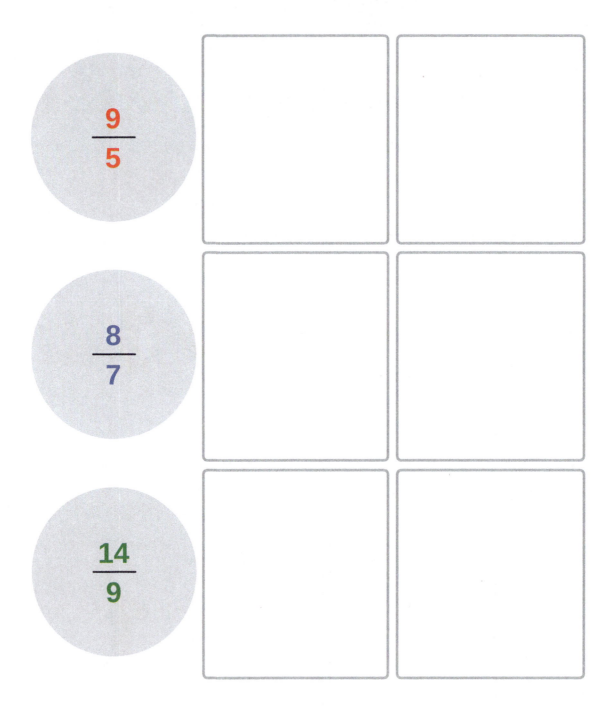

*L'adulte donne à l'enfant les activités illustrées demandées (cercle ou rectangle) ou laisse l'enfant choisir lui-même.*

# Fractions plus grandes que l'unité entière - Nombres fractionnaires

Je mets la activité avec la fraction correcte à côté de chaque image.

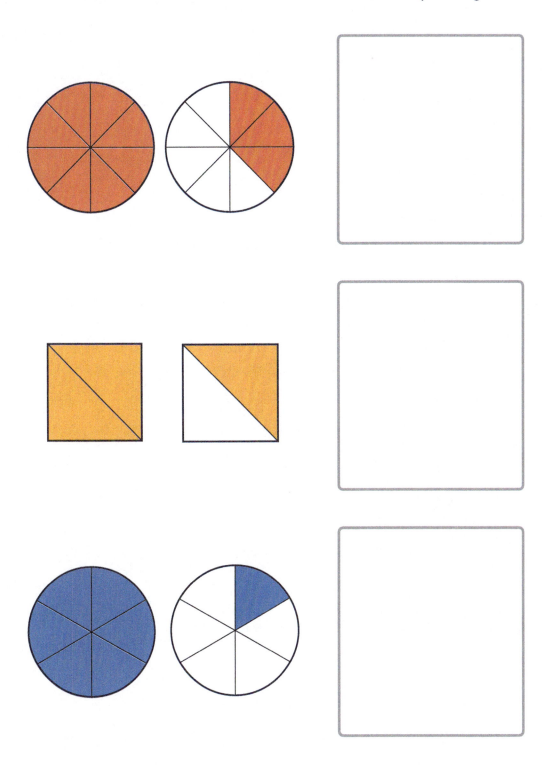

*L'adulte donne à l'enfant plusieurs activités avec des fractions pour qu'il choisisse les bonnes ou laisse l'enfant choisir parmi toutes les activités.*

© Upbility.fr

# Fractions plus grandes que l'unité entière - Nombres fractionnaires

Je note mes observations.

Les **fractions** dont le _____ est **plus grand** que le **dénominateur** sont _____ que **1**.

Les **fractions** dont le **nominateur** est _____ que le _____ sont **plus petites** que **1**.

Les fractions **plus grandes** que **1** peuvent également être écrites comme des **nombres fractionnaires**.
C'est-à-dire que nous écrivons les **unités entières** et la **fraction restante séparément**.

$$\frac{12}{8} \qquad \frac{8}{8} + \frac{4}{8} = 1\frac{4}{8}$$

Je pense à des **nombres fractionnaires** et je les écris.

_____   _____   _____

_____   _____   _____

_____   _____   _____

# Fractions plus grandes que l'unité entière - Nombres fractionnaires

Je trouve les activités appropriées pour illustrer les fractions suivantes.
Attention ! L'une des activités doit toujours être égale à 1 (c'est-à-dire avoir le même numérateur et le même dénominateur).
Ensuite, j'écris les fractions suivantes sous forme de **nombres fractionnaires**.

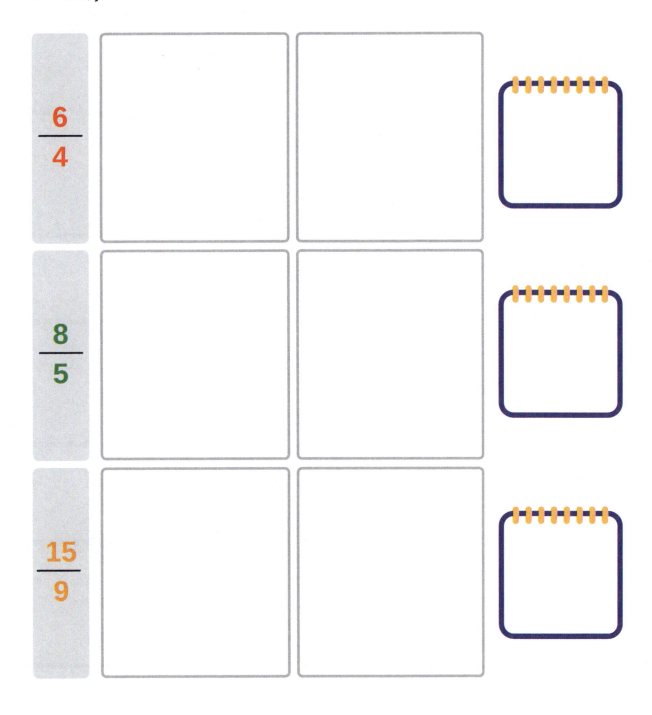

# Fractions plus grandes que l'unité entière - Nombres fractionnaires

Je trouve les activités appropriées pour illustrer les **nombres fractionnaires** suivants.

Attention ! L'une des activités doit toujours être égale à 1 (c'est-à-dire avoir le même numérateur et le même dénominateur).

Ensuite, j'écris les nombres fractionnaires suivants sous forme de fractions.

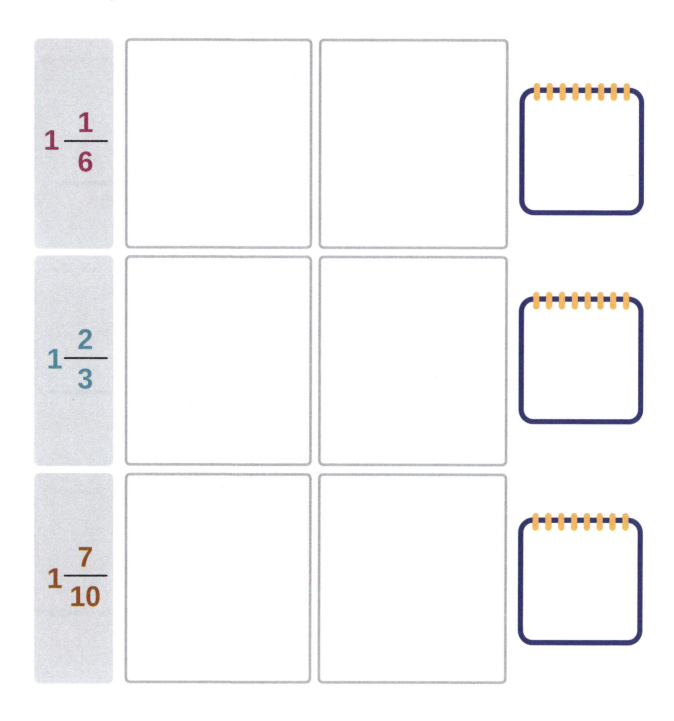

# Fractions plus grandes que l'unité entière - Nombres fractionnaires

Je convertis les nombres fractionnaires en fractions.

$1\frac{1}{3}$ = _____     $3\frac{1}{2}$ = _____

$2\frac{4}{5}$ = _____     $1\frac{9}{10}$ = _____

$1\frac{7}{9}$ = _____     $4\frac{2}{3}$ = _____


Je convertis les fractions en nombres fractionnaires.

$\frac{3}{2}$ = _____     $\frac{7}{4}$ = _____

$\frac{18}{4}$ = _____     $\frac{10}{9}$ = _____

$\frac{7}{3}$ = _____     $\frac{11}{10}$ = _____


Je note mes observations.

> Les fractions **plus grandes** que **1** peuvent s'écrire sous forme de _____.
>
> C'est-à-dire que nous écrivons **séparément** les _____ _____ et la _____ **restante**.

# Fractions semblables et dissemblables

 Les fractions qui ont le **même** dénominateur sont dites semblables.
Les fractions qui ont un dénominateur différent sont dites dissemblables.

À côté de chaque fraction, je mets une activité avec une fraction semblable et je fais des paires.

$\dfrac{1}{6}$

$\dfrac{3}{4}$

$\dfrac{5}{8}$

$\dfrac{2}{7}$

# Fractions semblables et dissemblables

À côté de chaque fraction, je mets une activité avec une fraction **dissemblable** et je fais des paires.

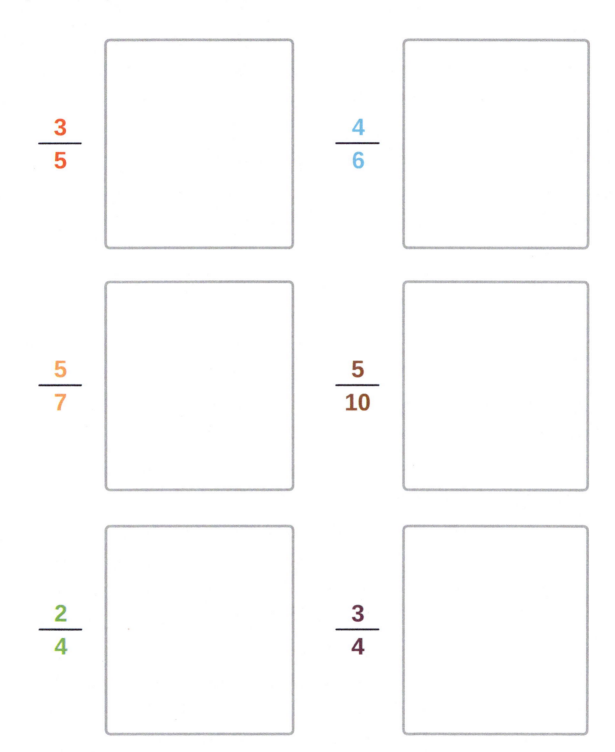

$\dfrac{3}{5}$  $\dfrac{4}{6}$

$\dfrac{5}{7}$  $\dfrac{5}{10}$

$\dfrac{2}{4}$  $\dfrac{3}{4}$

# Fractions semblables et dissemblables

Notez si les paires de fractions suivantes sont **semblables** ou **dissemblables**.

$\dfrac{3}{4}, \dfrac{5}{8}$ _____    $\dfrac{1}{3}, \dfrac{1}{8}$ _____

$\dfrac{3}{5}, \dfrac{2}{5}$ _____    $\dfrac{7}{9}, \dfrac{7}{8}$ _____

$\dfrac{2}{6}, \dfrac{6}{7}$ _____    $\dfrac{1}{10}, \dfrac{2}{10}$ _____

$\dfrac{5}{10}, \dfrac{3}{5}$ _____    $\dfrac{2}{3}, \dfrac{1}{3}$ _____

Je note mes observations.

Les fractions qui ont le **même dénominateur** sont dites _____.

Les fractions qui ont un **dénominateur différent** sont dites _____.

# Multiples communs – Plus petit commun multiple

 Les **multiples** d'un nombre sont les résultats que nous trouvons si nous multiplions ce nombre par d'autres.
Les multiples d'un nombre sont **infinis**, c'est-à-dire qu'ils ne se terminent jamais.

Je trouve des **multiples** de 2 et des **multiples** de 3.

**2**

2 x 1 = _____
2 x 2 = _____
2 x 3 = _____
2 x 4 = _____
2 x 5 = _____
2 x 6 = _____
2 x 7 = _____
2 x 8 = _____
2 x 9 = _____
2 x 10 = _____
2 x 11 = _____
2 x 12 = _____

**3**

3 x 1 = _____
3 x 2 = _____
3 x 3 = _____
3 x 4 = _____
3 x 5 = _____
3 x 6 = _____
3 x 7 = _____
3 x 8 = _____
3 x 9 = _____
3 x 10 = _____
3 x 11 = _____
3 x 12 = _____

© Upbility.fr

# Multiples communs - Plus petit commun multiple

 Les **multiples communs** de deux ou plusieurs nombres sont des multiples qui sont *identiques* pour ces nombres.

*Dans l'exercice précédent, entourez les **multiples** qui sont **communs** à 2 et 3.*

Je trouve les 2 premiers multiples communs pour 3 et 5.

| **3** | **5** |
|---|---|
| 3 x 1 = _____ | 5 x 1 = _____ |
| 3 x 2 = _____ | 5 x 2 = _____ |
| 3 x 3 = _____ | 5 x 3 = _____ |
| 3 x 4 = _____ | 5 x 4 = _____ |
| 3 x 5 = _____ | 5 x 5 = _____ |
| 3 x 6 = _____ | 5 x 6 = _____ |
| 3 x 7 = _____ | 5 x 7 = _____ |
| 3 x 8 = _____ | 5 x 8 = _____ |
| 3 x 9 = _____ | 5 x 9 = _____ |
| 3 x 10 = _____ | 5 x 10 = _____ |
| 3 x 11 = _____ | 5 x 11 = _____ |
| 3 x 12 = _____ | 5 x 12 = _____ |
| 3 x 13 = _____ | 5 x 13 = _____ |
| 3 x 14 = _____ | 5 x 14 = _____ |

© Upbility.fr

# Multiples communs - Plus petit commun multiple

 Le **plus petit commun multiple (PPCM)** de deux ou plusieurs nombres est **le plus petit** des multiples communs de ces nombres.

*Dans l'exercice précédent, je trouve le plus petit commun multiple de 3 et 5.*

Je trouve le plus petit commun multiple de 6 et 9.

**6**

6 x 1 = _____
6 x 2 = _____
6 x 3 = _____
6 x 4 = _____
6 x 5 = _____
6 x 6 = _____
6 x 7 = _____
6 x 8 = _____
6 x 9 = _____
6 x 10 = _____

**9**

9 x 1 = _____
9 x 2 = _____
9 x 3 = _____
9 x 4 = _____
9 x 5 = _____
9 x 6 = _____
9 x 7 = _____
9 x 8 = _____
9 x 9 = _____
9 x 10 = _____

# Multiples communs - Plus petit commun multiple

Je trouve **le plus petit commun multiple** de 2, 4 et 5.

| 2 x 1 = _____ | 4 x 1 = _____ | 5 x 1 = _____ |
| 2 x 2 = _____ | 4 x 2 = _____ | 5 x 2 = _____ |
| 2 x 3 = _____ | 4 x 3 = _____ | 5 x 3 = _____ |
| 2 x 4 = _____ | 4 x 4 = _____ | 5 x 4 = _____ |
| 2 x 5 = _____ | 4 x 5 = _____ | 5 x 5 = _____ |
| 2 x 6 = _____ | 4 x 6 = _____ | 5 x 6 = _____ |
| 2 x 7 = _____ | 4 x 7 = _____ | 5 x 7 = _____ |
| 2 x 8 = _____ | 4 x 8 = _____ | 5 x 8 = _____ |
| 2 x 9 = _____ | 4 x 9 = _____ | 5 x 9 = _____ |
| 2 x 10 = _____ | 4 x 10 = _____ | 5 x 10 = _____ |

Je note mes observations.

Les multiples d'un nombre sont les nombres que l'on trouve si _____ ce nombre par d'autres.
_____ de deux ou plusieurs nombres sont des multiples qui sont **identiques** pour ces nombres.
**Le plus petit commun multiple (PPCM)** de deux ou plusieurs nombres est le _____ des multiples communs de ces nombres.

# Conversion des fractions dissemblables en fractions semblables

Une façon de rendre deux ou plusieurs fractions **semblables** est de trouver **le plus petit commun multiple (PPCM)**.

1. Je trouve le **PPCM**.

2. Je mets des **chapeaux** au-dessus des fractions.

3. Je trouve le nombre qui, si je le multiplie par le dénominateur de la fraction, m'aidera à trouver le PPCM.

4. J'écris le nombre sur le chapeau.

5. Je multiplie le **numérateur** et le **dénominateur** par ce nombre.

J'ai donc créé des fractions qui sont **équivalentes** aux fractions initiales et qui ont le même dénominateur, c'est-à-dire qu'elles sont **semblables**.

## EXEMPLE

$\frac{3}{4}$  $\frac{2}{5}$  →  PPCM = 20  |  $\frac{3}{4}$  $\frac{2}{5}$  |  $\overset{5}{\frown}\frac{3}{4}$  $\overset{4}{\frown}\frac{2}{5}$  |  $\frac{3}{4}$  $\frac{2}{5}$  |  $\frac{15}{20}$  $\frac{8}{20}$ ✓

# Conversion des fractions dissemblables en fractions semblables

Je rends les fractions suivantes **semblables** avec le **PPCM**.

$\dfrac{5}{10} \quad \dfrac{2}{4} = $ _____

PPCM (4,10) = _____

$\dfrac{2}{5} \quad \dfrac{4}{6} = $ _____

PPCM (5,6) = _____

$\dfrac{4}{3} \quad \dfrac{5}{9} = $ _____

PPCM (3,9) = _____

$\dfrac{1}{3} \quad \dfrac{2}{6} \quad \dfrac{3}{9} = $ _____

PPCM (3,6,9) = _____

$\dfrac{1}{2} \quad \dfrac{4}{8} \quad \dfrac{5}{6} = $ _____

PPCM (2,6,8) = _____

$\dfrac{4}{7} \quad \dfrac{2}{4} \quad \dfrac{3}{2} = $ _____

PPCM (2,4,7) = _____

Je note mes observations.

Pour faire deux fractions **semblables** ou plus :
1. Je prends le _____
2. Je mets _____ au-dessus des fractions.
3. Je trouve le nombre qui, si je le _____ par le dénominateur de la fraction, m'aidera à trouver le PPCM.
4. J'écris le nombre sur le chapeau.
5. Je multiplie _____ et _____ avec ce nombre.

# Conversion des fractions dissemblables en fractions semblables

Lorsque je n'ai que deux fractions, une autre façon de les rendre **semblables** est la suivante.

**1** Je prends le **dénominateur** de la première fraction.

**2** Je l'utilise pour multiplier le **numérateur** et le **dénominateur** de la seconde fraction. Je fais donc une fraction équivalente.

**3** Je prends le **dénominateur** de la deuxième fraction.

**4** Je l'utilise pour multiplier le **numérateur** et le **dénominateur** de la première fraction. Je fais donc une fraction équivalente.

**C'est-à-dire que je fais une multiplication croisée.**

J'ai donc créé des fractions qui sont **équivalentes** aux fractions initiales et qui ont le même dénominateur, c'est-à-dire qu'elles sont **semblables**.

## EXEMPLE

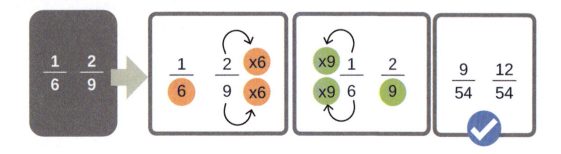

# Conversion des fractions dissemblables en fractions semblables

Je rends les fractions suivantes **semblables** en effectuant une multiplication **croisée**.

$\dfrac{3}{10} \quad \dfrac{1}{2} = $ _____

$\dfrac{5}{4} \quad \dfrac{1}{3} = $ _____

$\dfrac{2}{6} \quad \dfrac{2}{9} = $ _____

$\dfrac{3}{10} \quad \dfrac{5}{4} = $ _____

$\dfrac{4}{5} \quad \dfrac{6}{8} = $ _____

$\dfrac{3}{7} \quad \dfrac{3}{2} = $ _____

$\dfrac{1}{10} \quad \dfrac{2}{3} = $ _____

$\dfrac{5}{6} \quad \dfrac{4}{5} = $ _____

Je note mes observations.

> ➔ Lorsque je n'ai que deux fractions, une autre façon de les rendre **semblables** est de faire une multiplication _____.
> 1. Je prends le dénominateur de la première fraction.
> 2. Je l'utilise pour multiplier le _____ et le dénominateur de la seconde fraction. Ainsi je fais une fraction _____.
> 3. Je prends le _____ de la deuxième fraction.
> 4. Je l'utilise pour multiplier le numérateur et le _____ de la première fraction. Je fais donc une fraction équivalente.

# Comparaison de fractions

### A) avec le même dénominateur (fractions semblables)

 Pour comparer des fractions ayant le même **dénominateur**, je les place sur la **ligne des fractions**.
La **ligne des fractions** doit être divisée en autant de morceaux que le **dénominateur** de la fraction.

Je prends les cartes illustrées $\dfrac{3}{6}$, $\dfrac{5}{6}$ et $\dfrac{6}{6}$ (rectangle).

*Qu'est-ce que je remarque ?*
*Quelle est la fraction la plus petite, et quelle est la plus grande ?*

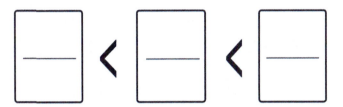

J'essaie de marquer les fractions sur la ligne des fractions.

### Je réfléchis

- En combien de parties le rectangle de la activité illustrée est-il divisé ?
- Combien de parties sont coloriées sur chaque fraction ?
- En combien de parties est divisée la ligne des fractions ?
- Où sera placée chaque fraction ?

```
|────|────|────|────|────|────|→
0                                1
```

# Comparaison de fractions

Je prends les cartes illustrées $\frac{1}{4}$, $\frac{2}{4}$ et $\frac{4}{4}$ (rectangle).

Qu'est-ce que je remarque ?
Quelle est la fraction la plus petite, et quelle est la plus grande ?

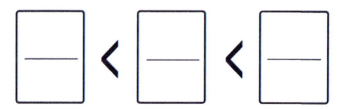

J'essaie de marquer les fractions sur la ligne des fractions.

### Je réfléchis

- En combien de parties le rectangle de la activité illustrée est-il divisé ?
- Combien de parties sont coloriées sur chaque fraction ?
- En combien de parties est divisée la ligne des fractions ?
- Où sera placée chaque fraction ?

Je réfléchis et j'écris quelles autres fractions pourraient être placées sur la même ligne de fractions.

*Introduction aux fractions équivalentes : L'adulte choisit des activités avec des fractions équivalentes et leurs activités illustrées, et des activités avec des fractions non équivalentes et leurs activités illustrées. L'enfant compare les activités illustrées et trouve les fractions équivalentes.*

# Comparaison de fractions

Je prends les cartes illustrées $\frac{1}{10}$, $\frac{5}{10}$ et $\frac{7}{10}$ (rectangle).

*Qu'est-ce que je remarque ?*
*Quelle est la fraction la plus petite, et quelle est la plus grande ?*
*En combien de parties dois-je diviser la ligne des fractions pour pouvoir placer les fractions ?*

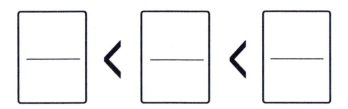

0 ——————————————————————— 1

Je note mes observations.

> Quand je compare deux fractions avec le même **dénominateur**, la plus grande est celle qui _____.
>
> Quand je compare deux fractions avec le même **dénominateur**, la plus petite est celle qui _____ _____.
>
> Les fractions qui ont le même **numérateur** et **dénominateur** égales à _____.

# Comparaison de fractions

B) avec le même nominateur

Quand nous avons des activités avec un différent, il est difficile de les placer sur la même **ligne des fractions**.

Pour ce faire, les **dénominateurs** doivent être des multiples d'un **dénominateur** (par exemple 2,4,6,8).

Sinon, nous devrons utiliser des lignes de fractions différentes.

Je prends les cartes illustrées $\frac{1}{2}$, $\frac{1}{6}$ et $\frac{1}{10}$ (rectangle).

*Qu'est-ce que je remarque ?*
*Quelle est la fraction la plus petite, et quelle est la plus grande ?*

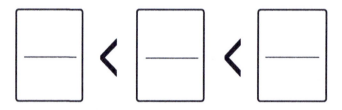

J'essaie de marquer les fractions sur la ligne des fractions.

### Je réfléchis

- En combien de parties le rectangle de la activité illustrée est-il divisé ?
- Combien de parties sont coloriées sur chaque fraction ?
- En combien de parties est divisée la ligne des fractions ?
- Où sera placée chaque fraction ?

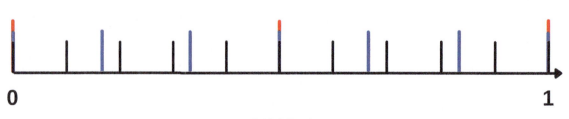

# Comparaison de fractions

Je prends les cartes illustrées $\frac{2}{3}$, $\frac{2}{7}$ et $\frac{2}{9}$ (rectangle).

*Qu'est-ce que je remarque ?*
*Quelle est la fraction la plus petite, et quelle est la plus grande ?*

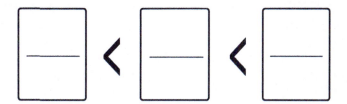

J'essaie de placer chaque fraction sur sa ligne de fractions.

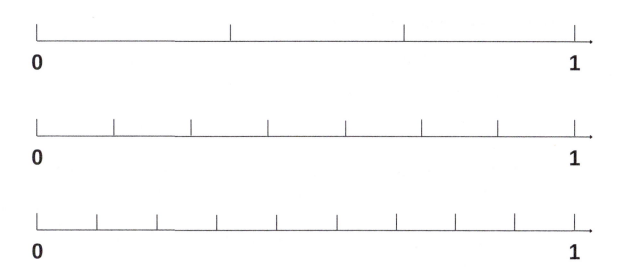

Je note mes observations.

> Quand je compare deux fractions avec le même **nominateur**, la plus grande_____.
>
> Quand je compare deux fractions avec le même **nominateur**, la plus petite_____.

© Upbility.fr

# Fractions équivalentes

Les fractions qui expriment la même partie d'un tout sont appelées fractions équivalentes ou fractions égales.

Comment faire des fractions équivalentes :
Multipliez le numérateur et le dénominateur par le même nombre.

**EXEMPLE**

$$\frac{2}{3}\genfrac{}{}{0pt}{}{\times 2}{\times 2} = \frac{4}{6}$$

Divisez le numérateur et le dénominateur par le même nombre.
C'est ce qu'on appelle la réduction.

**EXEMPLE**

$$\frac{4}{6}\genfrac{}{}{0pt}{}{:2}{:2} = \frac{2}{3}$$

Je prends les activités illustrées et j'essaie de trouver des paires de fractions équivalentes. De quelles fractions s'agit-il ? Je les écris.

*L'adulte donne à l'enfant différentes activités illustrées. L'enfant essaie de trouver les activités illustrées qui représentent la même quantité. Il écrit ensuite la fraction que représente chaque activité illustrée.*

# Fractions équivalentes

Je fais des **fractions équivalentes** en **multipliant** le **numérateur** et le **dénominateur** par le même nombre.

$$\frac{1}{2}\frac{^{\times 2}}{^{\times 2}} = \frac{\quad}{\quad}$$

$$\frac{2}{3}\frac{^{\times 3}}{^{\times 3}} = \frac{\quad}{\quad}$$

$$\frac{1}{2}\frac{^{\times 4}}{^{\times 4}} = \frac{\quad}{\quad}$$

$$\frac{3}{5}\frac{^{\times 2}}{^{\times 2}} = \frac{\quad}{\quad}$$

$$\frac{3}{4}\frac{^{\times 2}}{^{\times 2}} = \frac{\quad}{\quad}$$

$$\frac{1}{2}\frac{^{\times 3}}{^{\times 3}} = \frac{\quad}{\quad}$$

# Fractions équivalentes

Je fais des **fractions équivalentes** en **divisant** le **numérateur** et le **dénominateur** par le même nombre.

$$\frac{2}{6}{:2 \atop :2} = \frac{\phantom{0}}{\phantom{0}}$$

$$\frac{6}{9}{:3 \atop :3} = \frac{\phantom{0}}{\phantom{0}}$$

$$\frac{5}{10}{:5 \atop :5} = \frac{\phantom{0}}{\phantom{0}}$$

$$\frac{4}{8}{:2 \atop :2} = \frac{\phantom{0}}{\phantom{0}}$$

$$\frac{2}{6}{:2 \atop :2} = \frac{\phantom{0}}{\phantom{0}}$$

$$\frac{3}{9}{:3 \atop :3} = \frac{\phantom{0}}{\phantom{0}}$$

# Fractions équivalentes

Je vérifie si les paires de fractions suivantes sont **équivalentes**. Je peux utiliser les activités illustrées.

$\dfrac{2}{4}$ et $\dfrac{4}{9}$

$\dfrac{1}{2}$ et $\dfrac{3}{7}$

$\dfrac{3}{6}$ et $\dfrac{5}{10}$

$\dfrac{5}{6}$ et $\dfrac{8}{9}$

$\dfrac{3}{4}$ et $\dfrac{6}{8}$

$\dfrac{3}{5}$ et $\dfrac{6}{10}$

J'essaie de **réduire** la fraction $\dfrac{5}{7}$. Qu'est-ce que je remarque ? Peut-on la réduire ?

Je réfléchis à des fractions qui ne peuvent être **réduites** et je les écris.

# Fractions équivalentes

 Les fractions qui ne peuvent pas être **réduites** sont dites **irréductibles**.

Réduisez les fractions suivantes jusqu'à ce qu'elles deviennent **irréductibles**.

→ $\dfrac{3}{9}$ _____

→ $\dfrac{4}{12}$ _____

→ $\dfrac{2}{16}$ _____

→ $\dfrac{7}{35}$ _____

→ $\dfrac{5}{50}$ _____

→ $\dfrac{6}{48}$ _____

Je note mes observations.

Les **fractions** exprimant la même partie d'un tout sont appelées _____ ou _____ .

Je peux faire des **fractions équivalentes** si _____
_____
_____.

Les fractions qui ne peuvent se **réduire** sont dites
_____ .

# Fractions écrites sous une autre forme

**La fraction comme quotient de division**

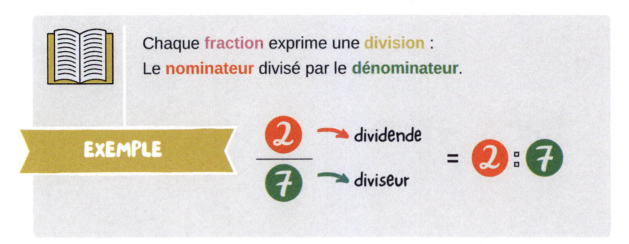

Sous chaque fraction, je mets la activité avec la division appropriée.

$$\frac{2}{5} \qquad \frac{7}{8} \qquad \frac{5}{10}$$

*L'adulte choisit différentes activités avec une division. L'enfant choisit la bonne activité et la place sous chaque fraction.*

# Fractions écrites sous une autre forme

$$\frac{3}{5}$$  $$\frac{1}{2}$$  $$\frac{7}{7}$$

$$\frac{3}{4}$$  $$\frac{2}{3}$$  $$\frac{4}{9}$$

Je note mes observations.

- Les **fractions** peuvent s'écrire comme _____.

- Le diviseur est le _____ et
le dividende est le _____.

# Fractions écrites sous une autre forme

**La fraction comme nombre décimal**

 Chaque **division** a un quotient.
Ce quotient est un nombre entier ou **décimal**.
La **fraction** peut être écrite comme un **nombre décimal**.

 Certaines **fractions** sont égales à un **nombre décimal** à plusieurs chiffres.
Certaines autres **fractions** sont égales à un **nombre décimal** dont les chiffres ne se terminent jamais.
Les **fractions** que nous écrivons habituellement sous forme de nombres décimaux, sont celles où le **nombre décimal** a jusqu'à 3 chiffres.

Je mets la bonne activité avec des nombres décimaux sous chaque fraction.

$$\frac{1}{2} \qquad \frac{3}{4} \qquad \frac{4}{5}$$

*L'adulte choisit les activités de nombres décimaux appropriées. L'enfant pense à la division, choisit la bonne activité et la place à côté de la fraction.*

# Fractions écrites sous une autre forme

$$\frac{6}{10} \qquad \frac{1}{8} \qquad \frac{2}{10}$$

$$\frac{7}{8} \qquad \frac{7}{10} \qquad \frac{1}{4}$$

Je note mes observations.

> Les **fractions** peuvent s'écrire comme _____.
>
> Le **nombre décimal** est obtenu en divisant le _____ de la fraction par le _____ de la fraction.

# Fractions écrites sous une autre forme

Écrivez les fractions suivantes sous forme de divisions et sous forme décimale.

$\dfrac{1}{2}$ = ____ = ____

$\dfrac{1}{4}$ = ____ = ____

$\dfrac{3}{8}$ = ____ = ____

$\dfrac{7}{10}$ = ____ = ____

$\dfrac{3}{10}$ = ____ = ____

$\dfrac{3}{4}$ = ____ = ____

$\dfrac{4}{5}$ = ____ = ____

# Fractions décimales

Les **fractions** dont les dénominateurs sont 10, 100 et 1 000 sont appelées **fractions décimales**.

Entourez les fractions suivantes qui sont décimales.

| $\frac{1}{60}$ | $\frac{10}{12}$ | $\frac{5}{10}$ | $\frac{2}{100}$ | $\frac{9}{9}$ |

| $\frac{7}{100}$ | $\frac{120}{1}$ | $\frac{14}{10}$ | $\frac{10}{1000}$ | $\frac{100}{27}$ |

Les nombres décimaux peuvent être convertis en **fractions décimales**.

Un moyen simple est de penser aux chiffres qui terminent le nombre décimal. Dix ? Cent ? Mille ?

Ensuite, écrivez dans le numérateur le nombre sans les zéros et virgules.

Au dénominateur, écrivez le nombre correspondant au dernier chiffre du nombre décimal.

Dixième = 10  Centième = 100  Millième = 1000

**EXEMPLE**

0,05 ➡ le dernier chiffre est un centième.

Donc, nous écrivons : $\frac{5}{100}$

# Fractions décimales

Faites correspondre les fractions décimales avec les nombres décimaux.

$\dfrac{7}{10}$ •          • 3,40

$\dfrac{34}{100}$ •          • 0,034

$\dfrac{34}{1000}$ •          • 0,07

$\dfrac{340}{100}$ •          • 0,34

$\dfrac{3004}{1000}$ •          • 0,7

$\dfrac{7}{100}$ •          • 3,004

Convertissez les nombres décimaux en fractions.

→ 0,32 = _____          → 1,111 = _____

→ 0,001 = _____          → 0,04 = _____

→ 0,3 = _____          → 3,45 = _____

→ 3,2 = _____          → 20,001 = _____

→ 34,05 = _____

# Addition et soustraction de fractions

**Fractions semblables**

 Dans les **fractions semblables**, l'addition se fait en **additionnant** les **numérateurs** et en gardant le même **dénominateur**.

**EXEMPLE** $\frac{1}{4} + \frac{2}{4} = \frac{3}{4}$

Voyons schématiquement comment cela fonctionne.
Je prends les cartes illustrées des fractions $\frac{3}{10}$ et $\frac{4}{10}$.
Qu'est-ce que je remarque ?

Combien de morceaux y a-t-il **au total** sur la carte $\frac{3}{10}$ ?

Il y a autant de morceaux au total qu'il y a de morceaux sur la carte $\frac{4}{10}$ ?

Qu'est-ce que ça signifie ?

Combien de cases sont coloriées sur la carte $\frac{3}{10}$ ?

Combien de cases sont coloriées sur la carte $\frac{4}{10}$ ?

Combien de cases sont coloriées au total ?

# Addition et soustraction de fractions

Je mets la bonne activité illustrée sous chaque fraction et je fais ensuite les additions. Ensuite, je mets la activité illustrée avec le résultat.

$$\frac{5}{8} + \frac{2}{8} = \square$$

$$\frac{1}{5} + \frac{3}{5} = \square$$

*L'adulte choisit différentes activités. L'enfant choisit la bonne activité et la place sous chaque fraction.*

$$\frac{6}{10} + \frac{2}{10} = \boxed{\phantom{0}}$$

$$\frac{1}{4} + \frac{3}{4} = \boxed{\phantom{0}}$$

$$\frac{3}{7} + \frac{2}{7} = \boxed{\phantom{0}}$$

# Addition et soustraction de fractions

 Nous procédons à la soustraction de la même façon que pour l'addition.

On **soustrait** les **numérateurs** et on garde le même **dénominateur**.

Par exemple : $\dfrac{5}{6} - \dfrac{1}{6} = \dfrac{4}{6}$

Voyons schématiquement comment cela fonctionne.
Je prends les cartes illustrées des fractions $\dfrac{7}{8}$ et $\dfrac{3}{8}$.
Qu'est-ce que je remarque ?

Combien de morceaux y a-t-il au total sur la carte $\dfrac{7}{8}$ ?

Il y a autant de morceaux au total qu'il y a de morceaux sur la carte $\dfrac{3}{8}$ ?

Qu'est-ce que ça signifie ?

Combien de cases sont coloriées sur la carte $\dfrac{7}{8}$ ?

Combien de cases sont coloriées sur la carte $\dfrac{3}{8}$ ?

Avec un feutre, efface sur la carte $\dfrac{7}{8}$ autant de cases coloriées sur la carte $\dfrac{3}{8}$.
Combien de cases coloriées reste-t-il ?

# Addition et soustraction de fractions

Je place la bonne activité illustrée sous chaque fraction. Ensuite, je fais les soustractions de la façon apprise dans l'exercice précédent. Ensuite, je mets la activité illustrée avec le résultat.

$$\frac{5}{8} - \frac{2}{8} = \boxed{\phantom{0}}$$

$$\frac{3}{4} - \frac{1}{4} = \boxed{\phantom{0}}$$

*L'adulte choisit différentes activités. L'enfant choisit la bonne activité et la place sous chaque fraction.*

$$\frac{9}{9} - \frac{6}{9} = \boxed{\phantom{0}}$$

$$\frac{5}{6} - \frac{1}{6} = \boxed{\phantom{0}}$$

$$\frac{9}{10} - \frac{5}{10} = \boxed{\phantom{0}}$$

# Addition et soustraction de fractions

 De la même façon, je fais des soustractions dont les résultat est **est plus grand** que **1**.

Je fais les soustractions suivantes.

$\dfrac{5}{6} + \dfrac{4}{6} =$  $\qquad\qquad$  $\dfrac{9}{10} + \dfrac{9}{10} =$

$\dfrac{6}{10} + \dfrac{7}{10} =$  $\qquad\qquad$  $\dfrac{5}{11} + \dfrac{7}{11} =$

$\dfrac{2}{3} + \dfrac{2}{3} =$  $\qquad\qquad$  $\dfrac{15}{20} + \dfrac{10}{20} =$

$\dfrac{3}{4} + \dfrac{2}{4} =$  $\qquad\qquad$  $\dfrac{17}{23} + \dfrac{7}{23} =$

Je note mes observations.

> Dans les **fractions** **semblables**, l'addition se fait _____ _____ les _____ et **en gardant** le même _____.
> Nous procédons à la soustraction de la même façon que pour l'addition.
> _____ les **numérateurs** et _____ me même **dénominateur**.

# Addition et soustraction de fractions

 Pour additionner ou soustraire des **nombres fractionnaires**, il y a deux techniques :

**1) Première technique :**

On additionne ou on soustrait **séparément** les **unités entières** et la **partie écrite sous forme de fraction**.

Par exemple : $2\dfrac{3}{6} + 1\dfrac{1}{6} = 3\dfrac{4}{6}$  $\qquad 3\dfrac{3}{8} - 2\dfrac{1}{8} = 1\dfrac{2}{8}$

---

Si la **fraction** que l'on trouve comme résultat est **plus grande** que l'**unité entière**, on écrit le résultat sous forme de **nombre fractionnaire** et on additionne les unités entières et les autres **unités entières**.

**EXEMPLE**

$1\dfrac{4}{7} + 1\dfrac{5}{7} = 2\dfrac{9}{7} =$

$2 + 1\dfrac{2}{7} = 3\dfrac{2}{7}$

---

Si, dans les soustractions, la **partie fractionnaire** du **deuxième nombre fractionnaire** est supérieure à la **partie fractionnaire** du **premier nombre fractionnaire**, nous **empruntons** une unité entière au premier nombre fractionnaire et la convertissons en fraction.

**EXEMPLE**

$3\dfrac{2}{5} - 1\dfrac{3}{5} = 2\dfrac{7}{5} - 1\dfrac{3}{5} =$

$1\dfrac{4}{5}$

---

Faites les additions suivantes avec la première technique.

$1\dfrac{1}{4} + 1\dfrac{2}{4} = $ _____

$2\dfrac{2}{6} + 2\dfrac{2}{6} = $ _____

$1\dfrac{2}{10} + 2\dfrac{3}{10} = $ _____

$4\dfrac{3}{8} + \dfrac{4}{8} = $ _____

# Addition et soustraction de fractions

Faites les additions suivantes avec la première technique.

$2\dfrac{3}{4} - 1\dfrac{1}{4} =$ _____

$5\dfrac{6}{10} - 5\dfrac{3}{10} =$ _____

$2\dfrac{7}{8} - 1\dfrac{2}{8} =$ _____

$2\dfrac{5}{20} - 1\dfrac{1}{20} =$ _____

Faites les additions suivantes avec la première technique. Je me rappelle de ce que je dois faire quand la **partie écrite sous forme de fraction** que je trouve comme résultat est plus grande que l'unité entière.

$1\dfrac{3}{10} + 2\dfrac{9}{10} =$ _____

$2\dfrac{3}{4} + 1\dfrac{2}{4} =$ _____

$3\dfrac{5}{8} + 3\dfrac{6}{8} =$ _____

$3\dfrac{7}{12} + 1\dfrac{9}{12} =$ _____

Faites les additions suivantes avec la première technique. Je me rappelle de ce que je dois faire quand la **partie écrite sous forme de fraction** dans le deuxième terme de la soustraction est plus grande que celle du premier terme.

$2\dfrac{1}{3} - 1\dfrac{2}{3} =$ _____

$3\dfrac{4}{7} - 2\dfrac{6}{7} =$ _____

$1\dfrac{1}{10} - \dfrac{3}{10} =$ _____

$2\dfrac{3}{5} - 1\dfrac{4}{5} =$ _____

# Addition et soustraction de fractions

Faites les additions et les soustractions suivantes avec la première technique.

$1\dfrac{2}{4} + 1\dfrac{2}{4} =$ _____

$4\dfrac{5}{10} - 3\dfrac{2}{10} =$ _____

$3\dfrac{3}{7} + 1\dfrac{5}{7} =$ _____

$1\dfrac{7}{9} + 2\dfrac{4}{9} =$ _____

$3\dfrac{1}{6} - \dfrac{2}{6} =$ _____

$2\dfrac{3}{8} + 2\dfrac{3}{8} =$ _____

$1\dfrac{5}{6} - 1\dfrac{3}{6} =$ _____

$2\dfrac{2}{8} - 1\dfrac{7}{8} =$ _____

$1\dfrac{1}{10} + \dfrac{2}{10} =$ _____

Je note mes observations.

> Une façon d'additionner ou de soustraire des nombres fractionnaires est d'additionner ou de soustraire **séparément** les _____ et les _____.
> Si la **fraction** que l'on trouve comme résultat est _____ que l'**unité entière**, on écrit le résultat sous forme de _____ , et on additionne les unités entières et les autres **unités entières**.

# Addition et soustraction de fractions

**2) Deuxième technique :**
On convertit le **nombre fractionnaire** en fraction.
Ensuite, on additionne ou on soustrait.

**EXEMPLE**

$$2\frac{3}{6} + 1\frac{1}{6} = \frac{15}{6} + \frac{7}{6} = \frac{22}{6}$$

$$3\frac{3}{8} - 2\frac{1}{8} = \frac{27}{8} - \frac{17}{8} = \frac{10}{8}$$

Faites les additions et les soustractions suivantes avec la deuxième technique.

$1\dfrac{2}{4} + 1\dfrac{2}{4} =$ _____

$4\dfrac{5}{10} - 3\dfrac{2}{10} =$ _____

$3\dfrac{3}{7} + 1\dfrac{5}{7} =$ _____

$1\dfrac{7}{9} + 2\dfrac{4}{9} =$ _____

$3\dfrac{1}{6} - \dfrac{2}{6} =$ _____

$2\dfrac{2}{8} - 1\dfrac{7}{8} =$ _____

Je note mes observations.

> Une autre façon d'additionner ou de soustraire des **nombres fractionnaires** est de _____ le **nombre fractionnaire** en _____.
>
> Ensuite, on additionne ou on soustrait.

# Addition et soustraction de fractions

**Fractions dissemblables**

On **additionne** les fractions dissemblables après les avoir converties en fractions semblables.
Ensuite, on **additionne** les numérateurs et on garde le même dénominateur.

**EXEMPLE**

$$\overset{4}{\frac{2}{5}} + \overset{5}{\frac{3}{4}} = \frac{8}{20} + \frac{15}{20} = \frac{23}{20}$$

PPCM (5,4)=20

On procède à la **soustraction** de la même façon que pour l'addition. On convertit d'abord les fractions dissemblables en fractions semblables.
Ensuite, on **soustrait** les nominateurs et on garde le même dénominateur.

**EXEMPLE**

$$\overset{1}{\frac{5}{6}} - \overset{2}{\frac{2}{3}} = \frac{5}{6} - \frac{4}{6} = \frac{1}{6}$$

PPCM (3,6)=6

Je vérifie les paires de fractions suivantes et je les entoure si je peux les additionner telles quelles.

| $\frac{2}{3}$ , $\frac{5}{9}$ | $\frac{1}{2}$ , $\frac{3}{2}$ | $\frac{3}{4}$ , $\frac{5}{4}$ |
|---|---|---|
| $\frac{3}{3}$ , $\frac{3}{6}$ | $\frac{4}{5}$ , $\frac{2}{5}$ | $\frac{7}{2}$ , $\frac{2}{7}$ |

# Addition et soustraction de fractions

J'additionne et je soustrais les fractions dissemblables ci-dessous.

$\dfrac{1}{2} + \dfrac{3}{10} + \dfrac{1}{5} = $ _____

PPCM

$\dfrac{1}{3} + \dfrac{5}{12} + \dfrac{1}{4} = $ _____

PPCM

$\dfrac{3}{10} + \dfrac{7}{20} - \dfrac{1}{5} = $ _____

PPCM

$\dfrac{3}{6} - \dfrac{1}{12} + \dfrac{4}{3} = $ _____

PPCM

$\dfrac{9}{10} - \dfrac{1}{5} - \dfrac{1}{30} = $ _____

PPCM

Je note mes observations.

> Pour additionner ou soustraire des **fractions dissemblables**, on doit d'abord les convertir en _____.

# Problèmes d'addition et de soustraction de fractions

 Quand on rencontre des problèmes avec les fractions, on procède de la même façon qu'avec des unités entières. La seule chose à laquelle on doit faire attention, ce sont les règles que l'on applique aux opérations entre fractions. On se rappelle que pour être additionnées ou soustraites, les fractions doivent être **semblables**.

Résolvez les problèmes suivants avec des fractions semblables.

**A**

Hélène veut planter des fleurs dans son jardin.
Dans $\frac{1}{6}$ de son jardin, elle a planté des tulipes,
et dans $\frac{2}{6}$ de son jardin, elle a planté des roses.
Quelle partie du jardin est actuellement plantée de fleurs ?

**RÉSOLUTION :**

**RÉPONSE :** _____

# Problèmes d'addition et de soustraction de fractions

**B**

Christophe a une boîte de chocolats.

Il en a mangé $\frac{2}{5}$.

Quelle partie de la boîte est encore remplie de chocolats ?

**RÉSOLUTION :**

**RÉPONSE :** _____

**C**

Dans les $\frac{2}{5}$ du plat, il y a du cake au chocolat.

Dans $\frac{1}{5}$ du plat, il y a du cake à la vanille.

Dans le reste du plat, il y a du cake à l'orange.

Quelle partie du plat est remplie de cake à l'orange ?

**RÉSOLUTION :**

**RÉPONSE :** _____

# Problèmes d'addition et de soustraction de fractions

Résolvez les problèmes suivants avec des fractions dissemblables.

**A**

Jeanne a terminé les $\frac{2}{3}$ de ses exercices et a fait une pause.

Ensuite, elle a terminé $\frac{1}{6}$ de ses exercices.

Quelle partie de ces exercices Jeanne doit-elle encore faire ?

**RÉSOLUTION :**

**RÉPONSE :** _____

**B**

Michael a labouré les $\frac{4}{10}$ du champ et Marie a labouré les $\frac{3}{7}$ du champ.

Quelle superficie du champ ont-ils labouré au total ?

Quelle partie du champ doivent-il encore labouré ?

**RÉSOLUTION :**

**RÉPONSE :** _____

© Upbility.fr

# Problèmes d'addition et de soustraction de fractions

**c)**

Dans une école :

- $\dfrac{1}{6}$ des élèves sont en 1ère année,
- $\dfrac{2}{8}$ en 2ème année
- $\dfrac{3}{12}$ en 3ème année
- $\dfrac{1}{8}$ en 4ème année
- $\dfrac{3}{24}$ en 5ème année
- et les élèves restants sont en 6ème année.

a) Quelle partie des élèves est en 6ème année ?

b) Quelle classe compte le plus d'élèves ?

**a)**

RÉSOLUTION :

RÉPONSE : _____

**b)**

RÉSOLUTION :

RÉPONSE : _____

# Multiplication de fractions

**Multiplication d'un nombre naturel entier avec une fraction**

 Pour **multiplier** un nombre naturel entier avec une fraction, on multiplie ce nombre avec le **numérateur** de la fraction et on garde le même **dénominateur**.

**EXEMPLE** $\quad \dfrac{3}{4} \times 2 = \dfrac{3 \times 2}{4} = \dfrac{6}{4}$

 Nous avons appris précédemment, que l'on peut transformer la multiplication par un nombre naturel entier en **addition**.

**EXEMPLE** $\quad \dfrac{3}{4} \times 2 \longrightarrow \dfrac{3}{4} + \dfrac{3}{4} = \dfrac{6}{4}$

Parmi les opérations suivantes, j'entoure les multiplications de fractions par un nombre **entier naturel**.

| | | | |
|---|---|---|---|
| $4 \times 8$ | $\dfrac{1}{3} : 4$ | $2 + \dfrac{4}{6}$ | $2 \times 2$ |
| $\dfrac{1}{3} + \dfrac{1}{5}$ | $3 - 5 \times 3$ | $9 \times \dfrac{2}{2}$ | $\dfrac{4}{7} \times 2$ |
| $7 \times \dfrac{1}{3}$ | $\dfrac{2}{9} \times 3$ | $\dfrac{5}{6} \times \dfrac{5}{6}$ | $\dfrac{3}{5} : 2$ |
| $\dfrac{1}{2} \times \dfrac{1}{2}$ | $2 - \dfrac{4}{6}$ | $\dfrac{1}{2} \times 2$ | $\dfrac{3}{6} + \dfrac{2}{6}$ |

# Multiplication de fractions

Faites les multiplications suivantes, d'abord avec une addition, ensuite avec une multiplication.

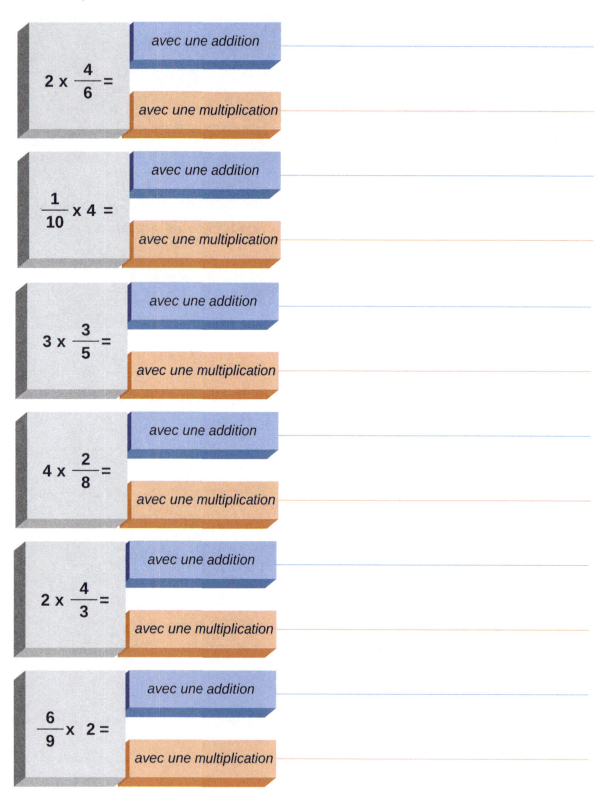

# Multiplication de fractions

Je note mes observations.

> Pour **multiplier** un nombre naturel entier avec une fraction _____ ce nombre avec le _____ de la fraction et on garde le même dénominateur.

# Multiplication de fractions

**Multiplication de fraction avec une fraction**

 Pour **multiplier** deux fractions, on multiplie le nominateur de la première fraction avec le nominateur de la deuxième fraction, et le dénominateur de la première fraction avec le dénominateur de la deuxième fraction.

**EXEMPLE** $\quad \dfrac{2}{5} \times \dfrac{3}{6} = \dfrac{2 \times 3}{5 \times 6} = \dfrac{6}{30}$

Voyons cela schématiquement :

Prenez les cartes illustrées avec des rectangles pour les fractions $\dfrac{3}{4}$ et $\dfrac{2}{5}$.

Copiez la carte illustrée $\dfrac{2}{5}$ avec du papier-calque.

Placez le papier-calque avec la carte illustrée $\dfrac{2}{5}$ sur la carte illustrée $\dfrac{3}{4}$.

Combien y a-t-il de cases maintenant ?

Combien de cases sont couvertes par la activité illustrée $\dfrac{3}{4}$ et la carte illustrée $\dfrac{2}{5}$ ?

Qu'est-ce que je remarque ? Les cases couvertes sont-elles plus ou moins nombreuses que la carte illustrée $\dfrac{3}{4}$ ?

Qu'est-ce que je remarque ? Les cases qui sont couvertes sont-elles plus ou moins nombreuses que la carte illustrée $\dfrac{2}{5}$ ?

Faites la même chose avec les paires de activités illustrées : $\dfrac{4}{7}$ et $\dfrac{6}{8}$ | $\dfrac{1}{2}$ et $\dfrac{3}{10}$ | $\dfrac{2}{4}$ et $\dfrac{1}{2}$

# Multiplication de fractions

 Quand on **multiplie** deux fractions qui sont **plus petites** que la **fraction unitaire**, la fraction que l'on obtient comme résultat est **plus petite** que les fractions utilisées.

Multipliez les fractions suivantes.

$\dfrac{2}{4} \times \dfrac{1}{5} =$ _____

$\dfrac{3}{10} \times \dfrac{7}{2} =$ _____

$\dfrac{4}{5} \times \dfrac{4}{5} =$ _____

$\dfrac{1}{8} \times \dfrac{3}{2} =$ _____

$\dfrac{9}{10} \times \dfrac{2}{19} =$ _____

$\dfrac{4}{7} \times \dfrac{7}{4} =$ _____

$\dfrac{1}{2} \times \dfrac{1}{12} =$ _____

$\dfrac{4}{7} \times \dfrac{6}{5} =$ _____

$\dfrac{1}{8} \times \dfrac{5}{3} =$ _____

# Multiplication de fractions

Suivez les instructions.

Je note quelles fractions de l'exercice précédant sont plus petites que les deux fractions initiales.

_____

Qu'est-ce que je remarque au sujet des fractions qui sont plus grandes que l'une des fractions initiales ?

_____

_____

Qu'est-ce que je remarque au sujet des fractions qui sont plus grandes que les deux fractions initiales ?

_____

_____

En observant les fractions initiales, puis-je toujours déduire avec exactitude si la fraction que j'aurai comme résultat de la multiplication des fractions initiales sera plus grande ou plus petite que celles-ci ?

**OUI** ☐ **NON** ☐

Je note mes observations.

Quand on **multiplie** une fraction avec une autre fraction, _____ le numérateur de la première fraction avec le _____ de la deuxième fraction et le _____ de la première fraction avec le dénominateur de la deuxième fraction. Quand on **multiplie** deux fractions qui sont plus petites que la **fraction unitaire**, la fraction que l'on obtient comme résultat est _____ que les fractions utilisées.

# Multiplication de fractions

**Multiplication d'un nombre fractionnaire avec une unité entière, une fraction ou un nombre fractionnaire**

Pour **multiplier** un nombre fractionnaire par un **nombre naturel entier**, on convertit d'abord le nombre fractionnaire en fraction, et ensuite, on multiple ce nombre par le **nominateur** de la fraction que nous avons obtenue et on laisse le même **dénominateur**.

**EXEMPLE** $\quad 5\dfrac{1}{6} \times 3 = \dfrac{31}{6} \times 3 = \dfrac{31 \times 3}{6} = \dfrac{91}{6}$

Une autre façon de multiplier un nombre fractionnaire avec un **nombre entier naturel** est de multiplier le nombre entier naturel séparément de **l'unité** entière et **la partie écrite sous forme de fraction** du nombre fractionnaire.

**EXEMPLE** $\quad 1\dfrac{3}{4} \times 2 = 1 \times 2 \;\; και \;\; \dfrac{3 \times 2}{4}$

Si le deuxième nombre est une fraction ou un nombre fractionnaire, on convertit le ou les nombres fractionnaires en fraction, et ensuite, on multiplie le **numérateur** de la première fraction par le **numérateur** de la deuxième fraction, et le **dénominateur** de la première fraction par le **dénominateur** de la deuxième fraction.

**EXEMPLE** $\quad 5\dfrac{1}{6} \times \dfrac{2}{3} = \dfrac{31}{6} \times \dfrac{2}{3} = \dfrac{31 \times 2}{6 \times 3} = \dfrac{62}{18}$

# Multiplication de fractions

Faites les multiplications suivantes avec un nombre fractionnaire et un nombre entier naturel des deux façons.

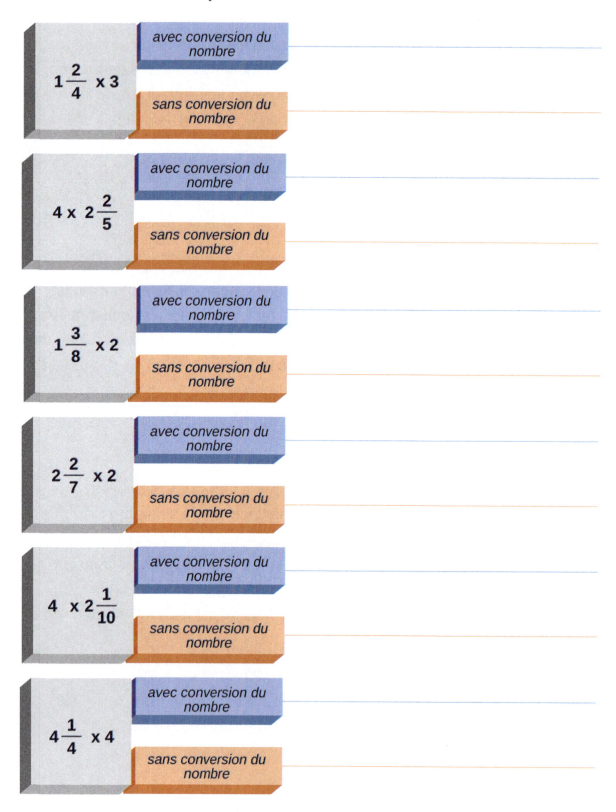

# Multiplication de fractions

Multipliez les nombres fractionnaires suivants avec les fractions.

$\dfrac{2}{3} \times 1\dfrac{2}{5} =$ _____

$\dfrac{3}{4} \times 3\dfrac{1}{2} =$ _____

$1\dfrac{3}{5} \times \dfrac{3}{5} =$ _____

$\dfrac{2}{8} \times 3\dfrac{1}{2} =$ _____

$1\dfrac{1}{2} \times \dfrac{2}{9} =$ _____

$\dfrac{3}{4} \times 5\dfrac{1}{3} =$ _____

$2\dfrac{1}{7} \times \dfrac{5}{7} =$ _____

$\dfrac{3}{5} \times 1\dfrac{1}{5} =$ _____

# Multiplication de fractions

Multipliez les nombres fractionnaires suivants.

$1\dfrac{1}{4} \times 1\dfrac{1}{5} =$

$1\dfrac{4}{5} \times 2\dfrac{4}{5} =$

$1\dfrac{2}{10} \times 2\dfrac{3}{7} =$

$2\dfrac{1}{8} \times \dfrac{12}{6} =$

$4\dfrac{3}{10} \times 2\dfrac{1}{3} =$

$1\dfrac{4}{8} \times 1\dfrac{2}{3} =$

$\dfrac{1}{1} \times \dfrac{1}{11} =$

$3\dfrac{4}{5} \times 2\dfrac{3}{6} =$

© Upbility.fr

# Multiplication de fractions

Je note mes observations.

Pour **multiplier** un nombre fractionnaire par un **nombre naturel entier**, on convertit d'abord le _____ en _____ et ensuite, on multiple ce nombre par le _____ de la fraction que nous avons obtenue et on laisse le même **dénominateur**.

Une autre façon de multiplier un nombre fractionnaire par un **nombre entier naturel** est de multiplier le nombre entier naturel séparément de l'_____ et la_____ du nombre fractionnaire.

Si le deuxième nombre est une fraction ou un nombre fractionnaire, _____ le ou les nombres fractionnaires en fraction, et ensuite, on multiplie le _____ de la première fraction par le **numérateur** de la deuxième fraction, et le **dénominateur** de la première fraction par le _____ de la deuxième fraction.

# Fractions inverses

 Deux **fractions** sont dites **inverses** quand le **numérateur** de l'une est le **dénominateur** de l'autre.

**EXEMPLE**    la fraction inverse de $\dfrac{2}{3}$ est $\dfrac{3}{2}$

 Quand on multiplie deux **fractions inverses**, le résultat est toujours égal à **1**.

**EXEMPLE**    $\dfrac{4}{7} \times \dfrac{7}{4} = \dfrac{4 \times 7}{7 \times 4} = \dfrac{28}{28} = 1$

Rappelez-vous que quand le **numérateur** est **égal** au **dénominateur**, la fraction est toujours égale à **1**.

Trouvez les fractions inverses.

| | | |
|---|---|---|
| $\dfrac{5}{3}$ _____ | $\dfrac{1}{2}$ _____ | $\dfrac{12}{9}$ _____ |
| $\dfrac{11}{15}$ _____ | $\dfrac{6}{2}$ _____ | $\dfrac{4}{7}$ _____ |

# Fractions inverses

Dans les paires de l'exercice précédant, qu'est-ce que je remarque ?
J'entoure la bonne réponse.

- **A** Dans les fractions inverses, les deux fractions sont plus petites que 1.

- **B** Dans les fractions inverses, les deux fractions sont plus grandes que 1.

- **C** Dans les fractions inverses, les deux fractions sont soit plus grandes soit plus petites que 1.

- **D** Dans les fractions inverses, l'une des fractions est plus grande et l'autre plus petite que 1.

Multipliez les paires de fractions inverses suivantes. Quel résultat avez-vous obtenu ?

$$\frac{2}{6} \times \frac{6}{2} = \underline{\hspace{4cm}}$$

$$\frac{3}{7} \times \frac{7}{3} = \underline{\hspace{4cm}}$$

$$\frac{6}{1} \times \frac{1}{6} = \underline{\hspace{4cm}}$$

$$\frac{2}{10} \times \frac{10}{2} = \underline{\hspace{4cm}}$$

$$\frac{4}{9} \times \frac{9}{4} = \underline{\hspace{4cm}}$$

$$\frac{1}{2} \times \frac{2}{1} = \underline{\hspace{4cm}}$$

$$\frac{3}{2} \times \frac{2}{3} = \underline{\hspace{4cm}}$$

# Fractions inverses

J'entoure la bonne réponse.

A. $\dfrac{2}{5} + \dfrac{5}{2} = 1$   B. $\dfrac{5}{2} - \dfrac{2}{5} = 1$   Γ. $\dfrac{2}{5} \times \dfrac{5}{2} = 1$

A. $\dfrac{3}{2} \times \dfrac{3}{2} = 1$   B. $\dfrac{3}{2} \times \dfrac{2}{3} = 1$   Γ. $\dfrac{3}{2} + \dfrac{2}{3} = 1$

A. $\dfrac{10}{4} - \dfrac{4}{10} = 1$   B. $\dfrac{10}{4} \times \dfrac{4}{10} = 1$   Γ. $\dfrac{10}{4} \times \dfrac{10}{4} = 1$

A. $\dfrac{5}{6} - \dfrac{6}{5} = 1$   B. $\dfrac{5}{6} \times \dfrac{6}{5} = 1$   Γ. $\dfrac{5}{6} + \dfrac{6}{5} = 1$

Je note mes observations.

Deux **fractions** sont dites _____ quand le numérateur de l'une est le **dénominateur** de l'autre.

Quand on multiplie deux **fractions inverses**, le résultat est toujours égal à _____ .

# Division de fractions

**Division de fractions avec un nombre entier**

 Pour **diviser une fraction par un nombre entier**, on **multiplie** le **dénominateur** de la fraction par le nombre entier.

**EXEMPLE**  $\frac{2}{4} : 3 = \frac{2}{4 \times 3} = \frac{2}{12}$

Voyons cela schématiquement :

Je prends la carte $\frac{3}{4}$.

Je réfléchis en combien de parties je veux la diviser.

Avec mon feutre, je divise la activité en autant de parties que je veux.

En combien de parties est divisée la activité illustrée ?

Si je prends l'un des morceaux que j'ai fait dans la activité illustrée, combien de cases sont coloriées ?

Comment exprimer cela en fraction ?

**Je fais la même chose avec d'autres activités illustrées et nombres entiers.**

*Après avoir plastifié la activité illustrée, je peux utiliser un simple feutre pour écrire et effacer sur la activité illustrée autant de fois que je le souhaite.*

# Division de fractions

Je fais les divisions suivantes :

$\dfrac{1}{3} : 5 =$ _____

$\dfrac{2}{4} : 2 =$ _____

$\dfrac{7}{10} : 10 =$ _____

$\dfrac{3}{8} : 2 =$ _____

$\dfrac{5}{7} : 4 =$ _____

$\dfrac{2}{6} : 3 =$ _____

$\dfrac{3}{5} : 2 =$ _____

$\dfrac{7}{8} : 4 =$ _____

**Division de fraction par une fraction**

 Une façon de **diviser** une fraction par une autre fraction est de convertir les fractions en fractions semblables et d'ensuite diviser les numérateurs de ces fractions.

**EXEMPLE**

$$\dfrac{2}{3} : \dfrac{1}{6} = \dfrac{\overset{2}{2}}{3} : \dfrac{\overset{1}{1}}{6} = \dfrac{4}{6} : \dfrac{1}{6} = \dfrac{4}{6}$$

PPCM (3,6)=6

# Division de fractions

Convertissez en fractions semblables et faites les divisions.

$\dfrac{2}{3} : \dfrac{1}{4} = $ _____

PPCM

$\dfrac{4}{5} : \dfrac{2}{4} = $ _____

PPCM

$\dfrac{7}{9} : \dfrac{1}{2} = $ _____

PPCM

$\dfrac{4}{5} : \dfrac{2}{7} = $ _____

PPCM

$\dfrac{5}{10} : \dfrac{2}{3} = $ _____

PPCM

$\dfrac{4}{5} : \dfrac{4}{5} = $ _____

PPCM

© Upbility.fr

# Division de fractions

 Une façon plus rapide de **diviser** des fractions est d'utiliser les fractions inverses.
Gardez la première fraction telle quelle et cherchez la fraction inverse de la deuxième fraction.
Ensuite multipliez.

Multipliez en utilisant la méthode de la fraction inverse.

$\dfrac{2}{3} : \dfrac{1}{4} =$

$\dfrac{4}{5} : \dfrac{2}{4} =$

$\dfrac{7}{9} : \dfrac{1}{2} =$

$\dfrac{4}{5} : \dfrac{2}{7} =$

$\dfrac{5}{10} : \dfrac{2}{3} =$

$\dfrac{4}{5} : \dfrac{4}{5} =$

# Division de fractions

## Division d'un nombre entier par une fraction

 Une façon rapide de diviser un nombre entier par une fraction est de :
1. Convertir le nombre entier en fraction en ajoutant une barre de fraction et le nombre 1 au dénominateur.
2. Inverser la deuxième fraction et ensuite multiplier.

**EXEMPLE** $\quad 2 : \dfrac{3}{4} = \dfrac{2}{1} : \dfrac{3}{4} = \dfrac{2}{1} \times \dfrac{4}{3} = \dfrac{6}{3}$

Divisez les nombres entiers suivants par les fractions.

$4 : \dfrac{1}{5} =$ _____

$5 : \dfrac{2}{6} =$ _____

$\dfrac{2}{6} : 10 =$ _____

$7 : \dfrac{2}{8} =$ _____

$3 : \dfrac{1}{3} =$ _____

Je note mes observations.

> Pour _____ une fraction par un nombre entier, _____ le **dénominateur** de la fraction avec le nombre entier dividende.
>
> Pour **diviser** des fractions, on utilise les _____.
> De même quand on divise _____ par une fraction.

# Problèmes de multiplication et de division de fractions

Quand on rencontre des problèmes avec les fractions, on procède de la **même façon** qu'avec des nombres entiers. La seule chose à laquelle on doit faire attention, ce sont les règles que l'on applique aux opérations entre fractions.

**Rappel :**
Dans une multiplication, on multiplie le numérateur par le numérateur, et le dénominateur par le dénominateur. Dans une division, on convertit la deuxième fraction et on fait une multiplication.

Résolvez les problèmes suivants avec des fractions semblables.

## A

J'ai labouré $\frac{2}{3}$ du jardin.
Dans $\frac{1}{4}$ de la partie labourée, j'ai planté des fleurs.
Quelle est la partie du jardin qui est plantée de fleurs ?

**RÉSOLUTION :**

**RÉPONSE :** _____

# Problèmes de multiplication et de division de fractions

**B**

Jean a mangé les $\dfrac{3}{7}$ d'un paquet de bonbons.

J'en ai mangé les $\dfrac{2}{3}$ .

Quelle partie du paquet de bonbons a été mangée ?

**RÉSOLUTION :**

**RÉPONSE :** _____

**C**

Des $\dfrac{8}{10}$ d'une tablette de chocolat, Christine en a mangé les $\dfrac{4}{5}$ .

Reste-t-il encore du chocolat ?

Si oui, quelle quantité ?

**RÉSOLUTION :**

**RÉPONSE :** _____

# Problèmes de multiplication et de division de fractions

**D**

Trois amis se partagent les $\frac{2}{3}$ d'une pizza.

Quelle partie de la pizza va prendre chacun ?

**RÉSOLUTION :**

**RÉPONSE :** _____

**E**

Michelle a 4 cartons.

Pour faire une carte, elle utilise $\frac{1}{4}$ d'un carton.

Combien de activités va-t-elle faire ?

**RÉSOLUTION :**

**RÉPONSE :** _____

# Réduction à la fraction unitaire

Nous avons dit que la **fraction unitaire** est l'**une** des parties égales en lesquelles l'**unité entière** est divisée.
Lorsque l'on connaît la valeur totale d'une quantité et que l'on cherche une partie, on dit que l'on **réduit** à la fraction unitaire.

**EXEMPLE**

Nous savons que le tout ($\frac{4}{4}$) est égal à 20 €. Comment trouver quels sont les $\frac{3}{4}$ ?

Pour **réduire** à la **fraction unitaire**, on **divise** la quantité totale par le dénominateur de la fraction.
Ensuite, on multiple le résultat par le numérateur.

Donc : $\frac{20}{4}$ = 5 ⟶ 5 x 3 = 15

Je réduis la fraction unitaire et je trouve :

→ les $\frac{3}{5}$ de 50 = 

→ les $\frac{2}{7}$ de 21 = 

→ les $\frac{7}{10}$ de 90 = 

→ les $\frac{2}{5}$ de 45 = 

→ les $\frac{7}{9}$ de 81 = 

→ les $\frac{3}{4}$ de 100 =

# Réduction à la fraction unitaire

 Une autre façon de résoudre les problèmes qui sont résolus par **réduction** à la **fraction unitaire** est de faire une fraction avec le numérateur de la fraction précédente x la quantité entière.
Le dénominateur sera le dénominateur de la fraction précédente.

**EXEMPLE**

Nous savons que le tout ($\frac{5}{5}$) est égal à 30 €.
Comment trouver les $\frac{2}{5}$ ?

$$\frac{2 \times 30}{5} = 12$$

Je réduis l'unité de la deuxième façon et je trouve :

→ les $\frac{2}{9}$ de 72 = _____

→ les $\frac{2}{10}$ de 20 = _____

→ les $\frac{4}{6}$ de 42 = _____

→ les $\frac{7}{10}$ de 70 = _____

→ les $\frac{3}{5}$ de 65 = _____

→ les $\frac{3}{4}$ de 40 = _____

Je note mes observations.

 Lorsque l'on connaît la valeur totale d'une quantité et que l'on cherche une partie, on dit que l'on _____ _____.

# Réduction à la fraction unitaire

On **réduit** également à la **fraction unitaire** lorsque l'on connaît la valeur d'une partie et que l'on cherche la valeur de la quantité totale.

On **divise** ensuite la valeur par le numérateur de la fraction. On multiplie ensuite le résultat par le dénominateur de la fraction.

**EXEMPLE**

Nous savons que les ($\frac{2}{6}$) font 12.

Comment trouver les $\frac{6}{6}$ ?

**1** On divise la valeur par le nominateur → 12 : 2 = 6

**2** On multiplie le résultat par le dénominateur → 6 x 6 = 36

Je réduis à la fraction unitaire et je trouve la valeur entière :

→ les $\frac{3}{4}$ font 15 = _____

→ les $\frac{2}{5}$ font 20 = _____

→ les $\frac{7}{10}$ font 28 = _____

→ les $\frac{5}{6}$ font 25 = _____

→ les $\frac{2}{8}$ font 6 = _____

# Problèmes de réduction de la fraction unitaire

 Lorsque je résous un problème par réduction à la fraction unitaire, je dois d'abord vérifier si je connais la valeur entière ou une partie de la valeur.
Ensuite, je résous le problème de la manière que j'ai apprise en fonction de ce que je cherche.

Résolvez les problèmes suivants avec des fractions semblables.

**A**

Dans la cour de l'école, il y a 32 arbres.

Les oliviers représentent les $\dfrac{5}{9}$ des arbres.

Combien y a-t-il d'oliviers ?

**RÉSOLUTION :**

**RÉPONSE :** _____

# Problèmes de réduction de la fraction unitaire

**B**

La tablette de chocolat a 20 morceaux.

J'ai mangé les $\frac{2}{5}$ de la tablette.

Combien de morceaux ai-je mangés ?

**RÉSOLUTION :**

**RÉPONSE :** _____

**C**

Dans la classe de Vicky, il y a 18 enfants.

Parmi ceux-ci, $\frac{2}{3}$ sont des filles.

Combien y a-t-il de filles ?

Combien y a-t-il de garçons ?

**RÉSOLUTION :**

**RÉPONSE :** _____

© Upbility.fr

# Problèmes de réduction de la fraction unitaire

**D**

Dans les $\frac{3}{5}$ de l'étagère, il y a de la place pour 9 livres. Combien de livres peut-on mettre sur l'étagère ?

**RÉSOLUTION :**

**RÉPONSE :** _____

**E**

Les $\frac{2}{3}$ des livres que j'ai achetés coûtent 14 €. Combien coûtent tous les livres ?

**RÉSOLUTION :**

**RÉPONSE :** _____

# Problèmes de réduction de la fraction unitaire

**F**

Les $\frac{4}{6}$ des feutres font 12 feutres.

Combien y a-t-il de feutres en tout ?

**RÉSOLUTION :**

**RÉPONSE :** _____

**G**

Dans les $\frac{8}{10}$ du bidon, on peut stocker 16 litres d'huile.

Combien de litre d'huile peut-on mettre dans tout le bidon ?

**RÉSOLUTION :**

**RÉPONSE :** _____

# Snap

**Lecture de fractions**
**Association de fraction et de quantité**

**Nous avons besoin de :**

✓ activités de fractions, images de fractions et noms de fractions

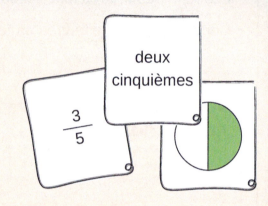

**Instructions :**

**1** Mélangez les activités et distribuez-les toutes aux joueurs, qui les gardent en pile devant eux, face cachée.

**2** Le premier joueur retourne une activité et la place au centre de la table.

**3** Le joueur suivant retourne une activité et la place à côté de la première. Cela crée deux piles au centre de la table.

**4** Les joueurs jettent à tour de rôle les activités sur les deux piles.

**5** Quand deux activités sont identiques (par exemple : fraction 1/2 et nom 1/2), les joueurs doivent crier « snap ». Le joueur qui a crié le premier « snap » gagne les activités.

**6** Lorsque les joueurs n'ont plus de activités, on mélange les activités des piles au milieu de la table, et on les distribue aux joueurs. On recommence jusqu'à ce qu'il n'y ait plus de activités.

Le gagnant est celui qui a le plus de activités.

# Bingo

**Lecture de fractions**
**Association de fraction et de quantité**

**Nous avons besoin de :**

- ✓ activités de fractions
- ✓ tableau pour chaque joueur
- ✓ activités vertes

**Préparation :**

Copie et plastifiez les tableaux des joueurs. Choisissez ensuite les activités que les joueurs utiliseront pour couvrir leurs tableaux.

**Instructions :**

Distribuez un tableau et 12 activités vertes aux joueurs. Retournez les activités de fraction, posez-les sur la table et le jeu commence ! Chaque joueur prend une activité à son tour et dit la fraction de la activité. Tous les joueurs regardent s'ils ont l'illustration de la fraction sur leurs tableaux et ceux qui l'ont, la couvrent avec une activité verte. Le gagnant est le joueur qui couvre toutes les cases de son tableau avec des activités vertes et qui crie « Bingo ».

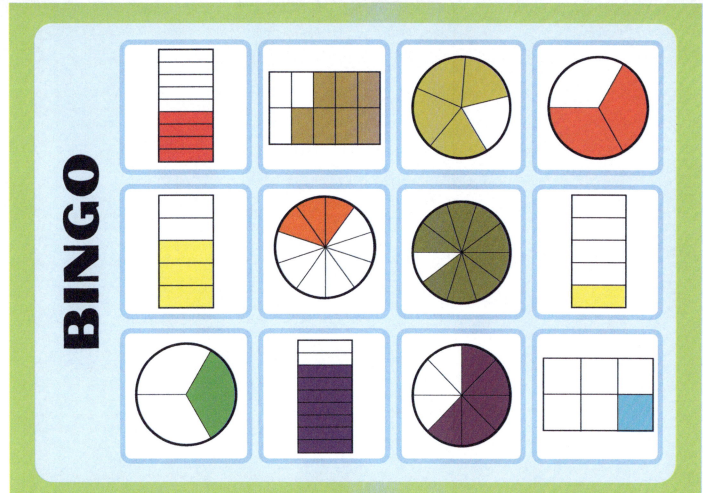
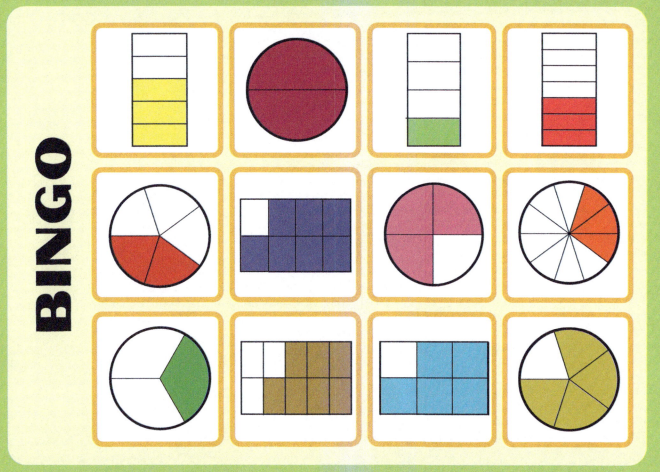

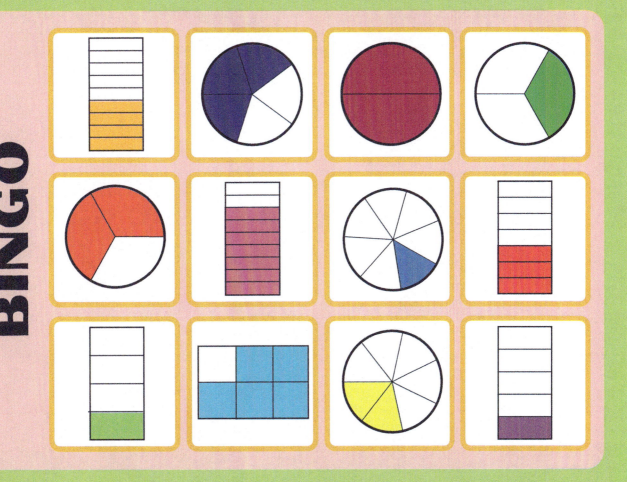

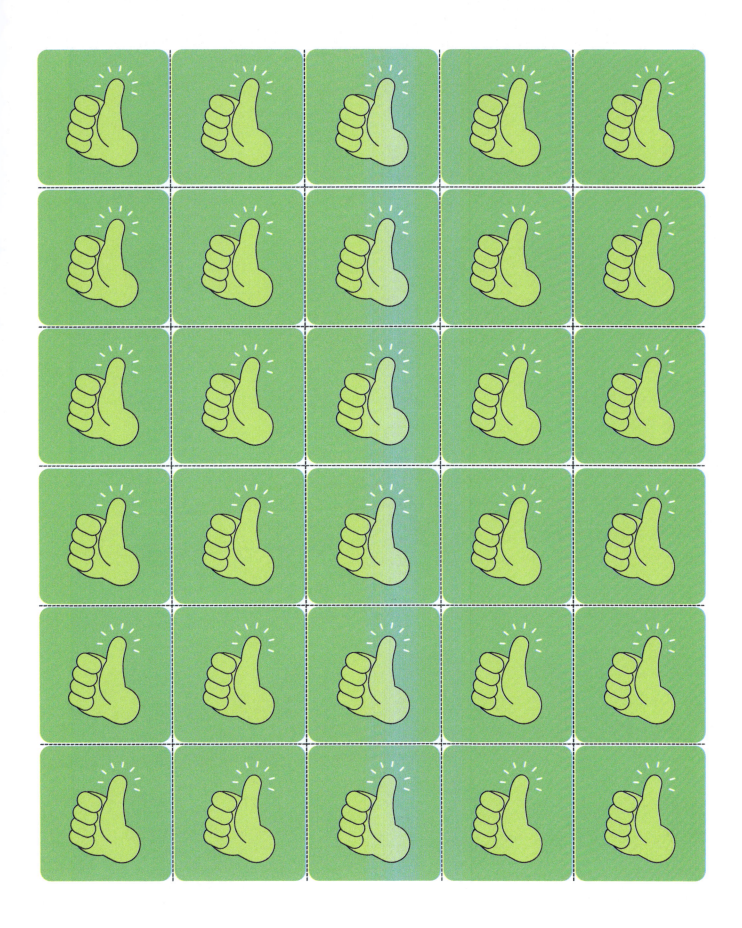

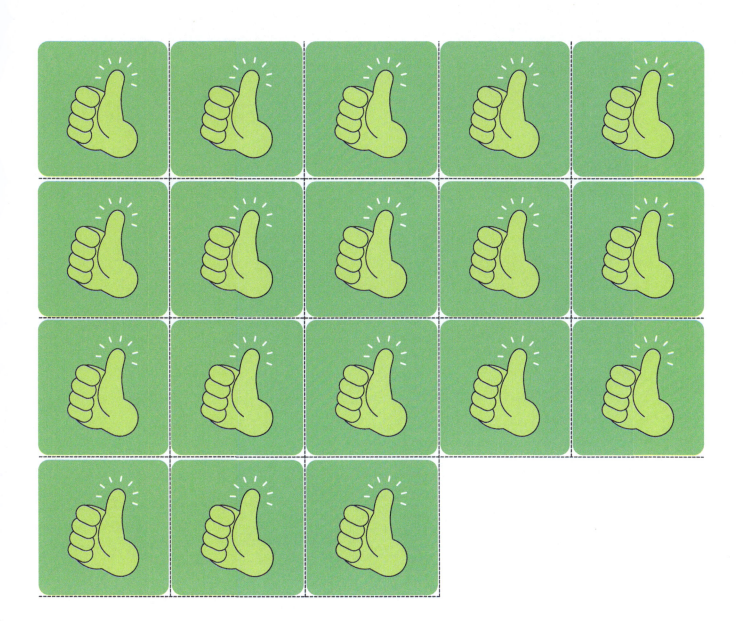

# activités et dés
## jeu de création de fractions

**Nous avons besoin de :**

- ✓ activités de fractions
- ✓ activités illustrées des fractions
- ✓ 2 dés

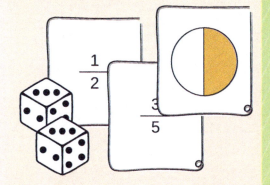

**Instructions :**

1. Jetez les dés.
2. Utilisez le plus grand nombre comme numérateur et le plus petit comme dénumérateur de la fraction que vous allez créer.
3. Trouvez la activité qui illustre la fraction que vous avez créée.
4. Trouvez ensuite la activité illustrée correspondante.
5. Le gagnant est celui qui va trouver le plus de activités.

## jeu de multiplication

**Nous avons besoin de :**

- ✓ activités de fractions
- ✓ 1 dé

**Instructions :**

1. Les activités avec les fractions (1/2, 2/2, 1/3, etc.) sont mélangées et disposées au milieu de la table.
2. Chacun à leur tour, les joueurs prennent une activité de la pile et lancent ensuite le dé.
3. Ils doivent alors multiplier la fraction de la activité par le nombre inscrit sur le dé.
4. Le gagnant est le joueur qui a eu le plus grand nombre de multiplications correctes.

activités

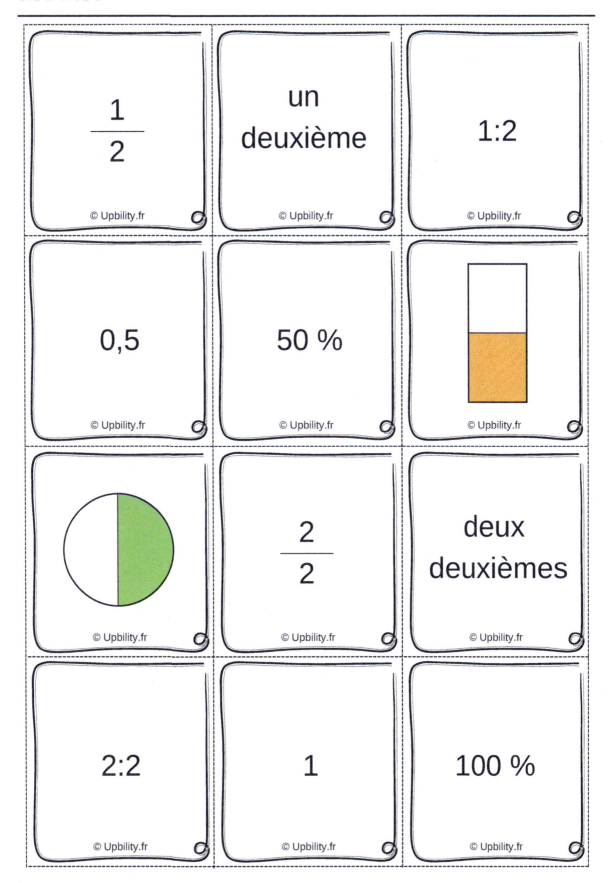

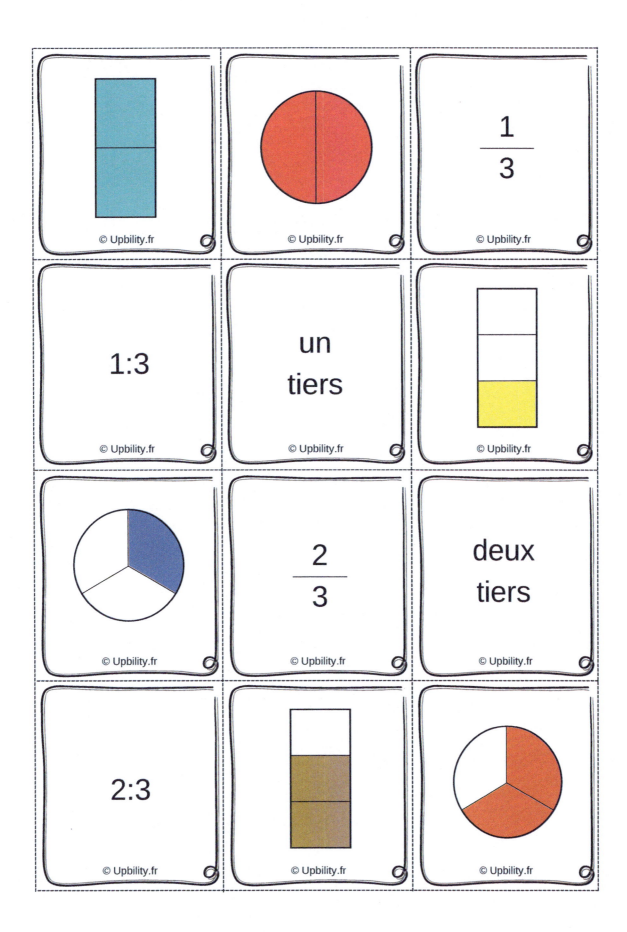

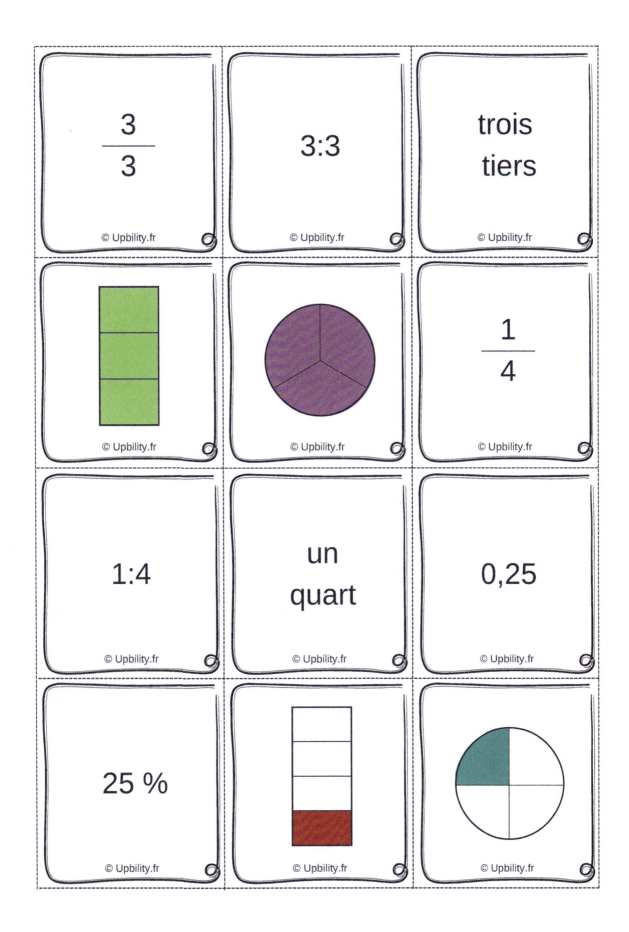

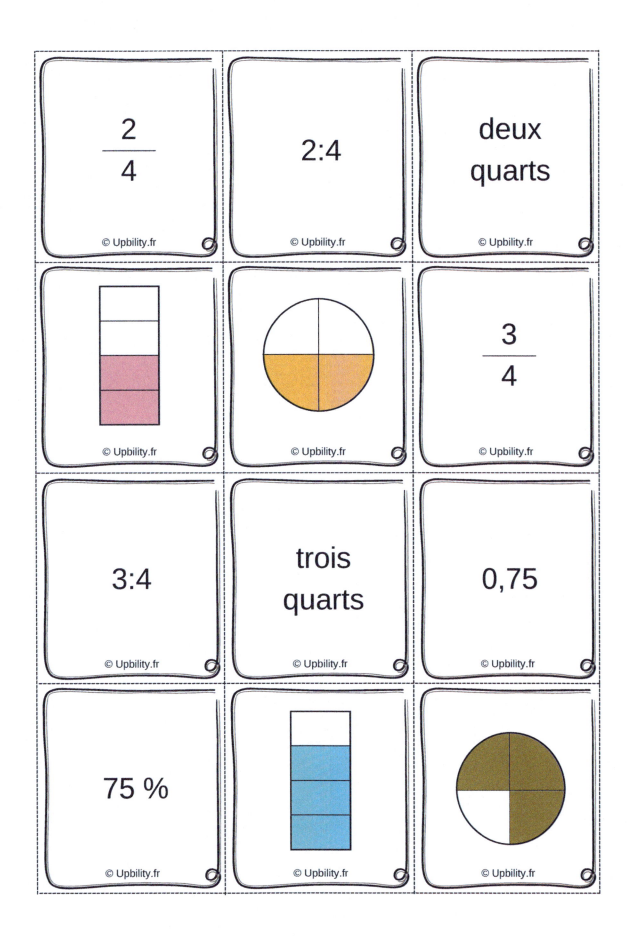

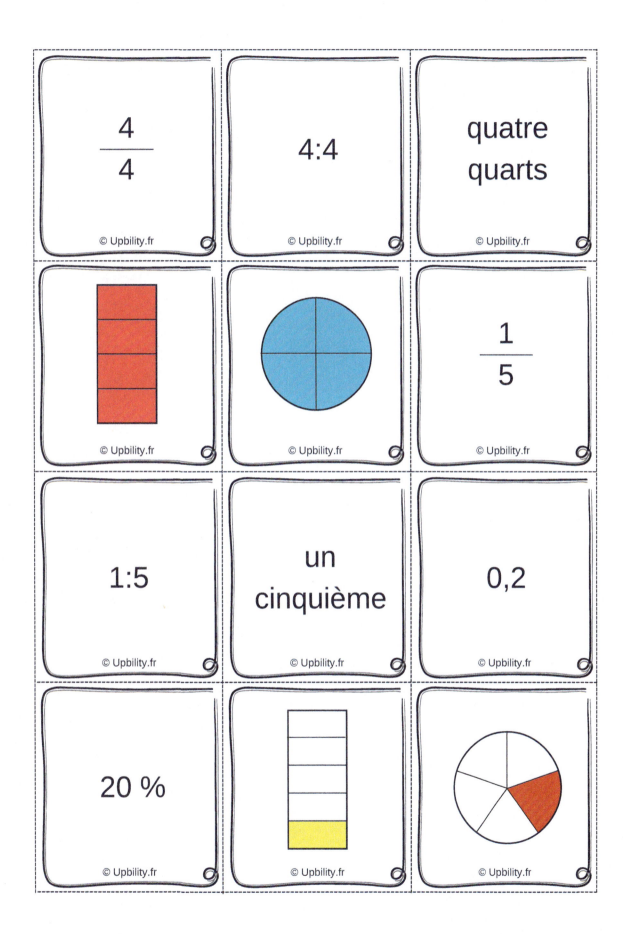

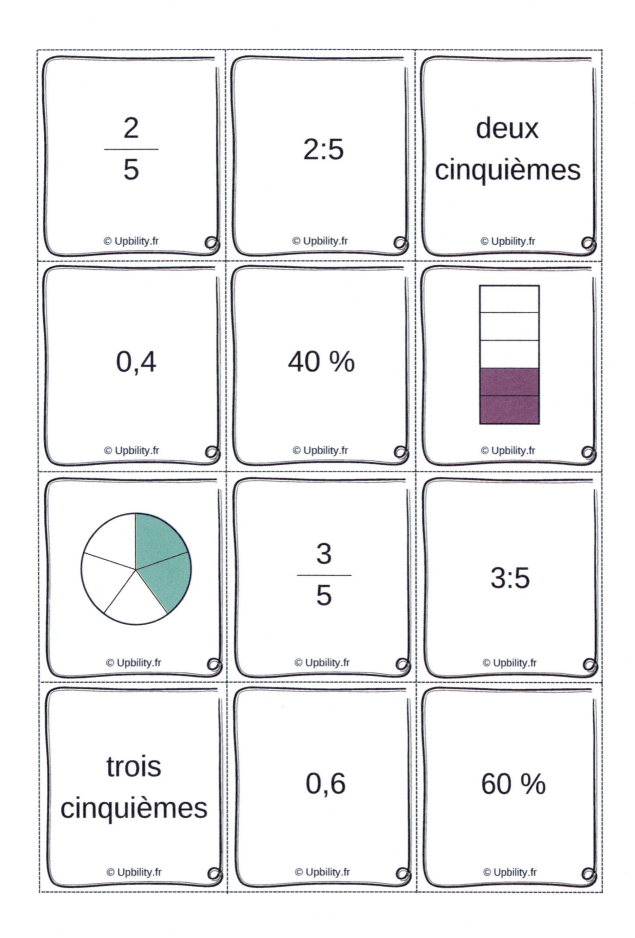

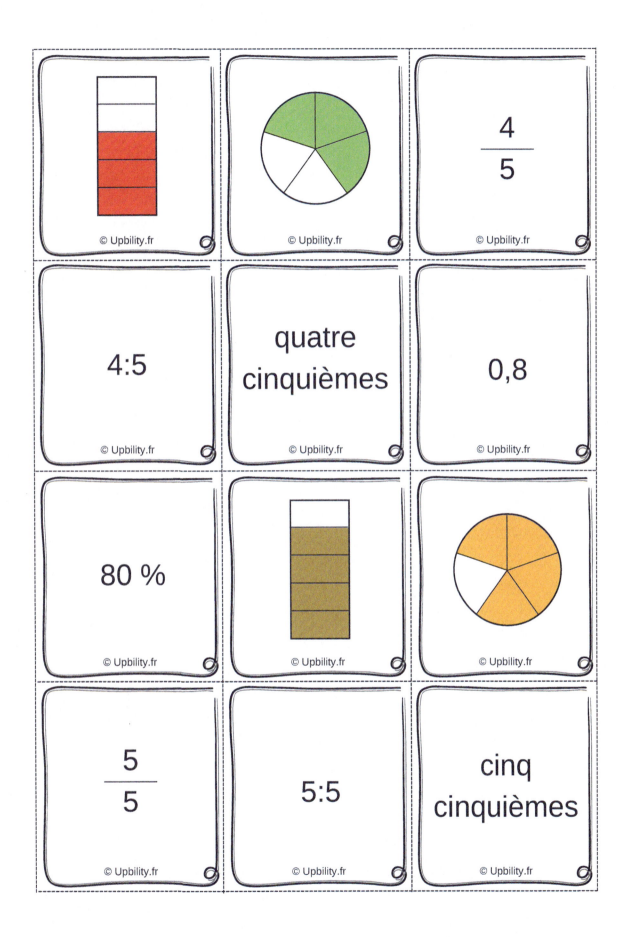

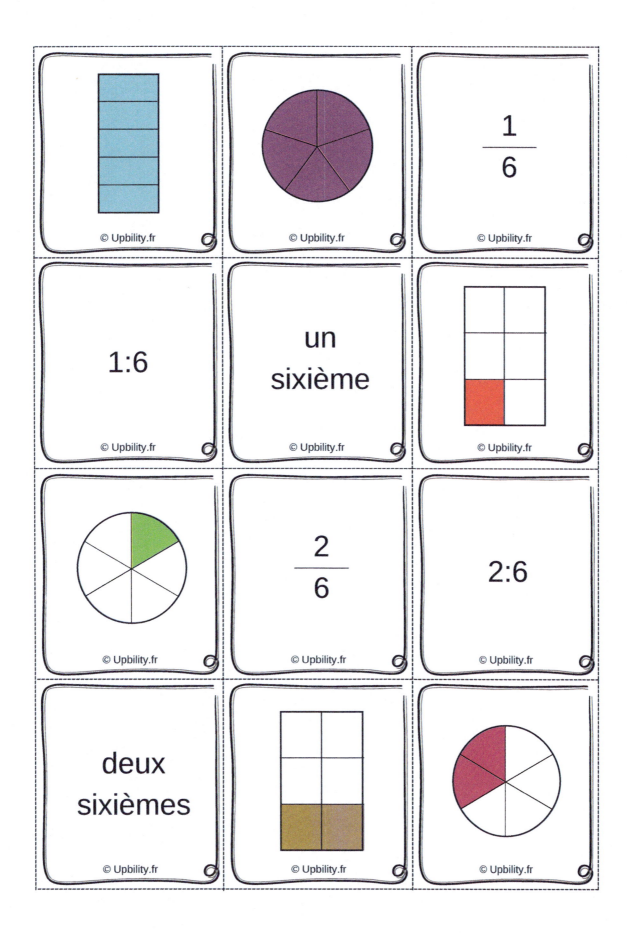

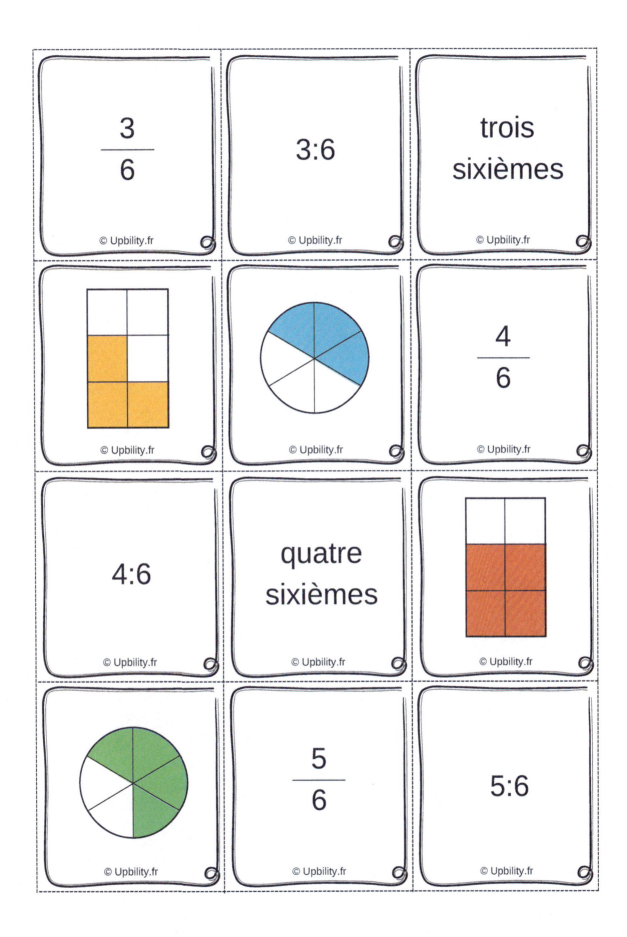

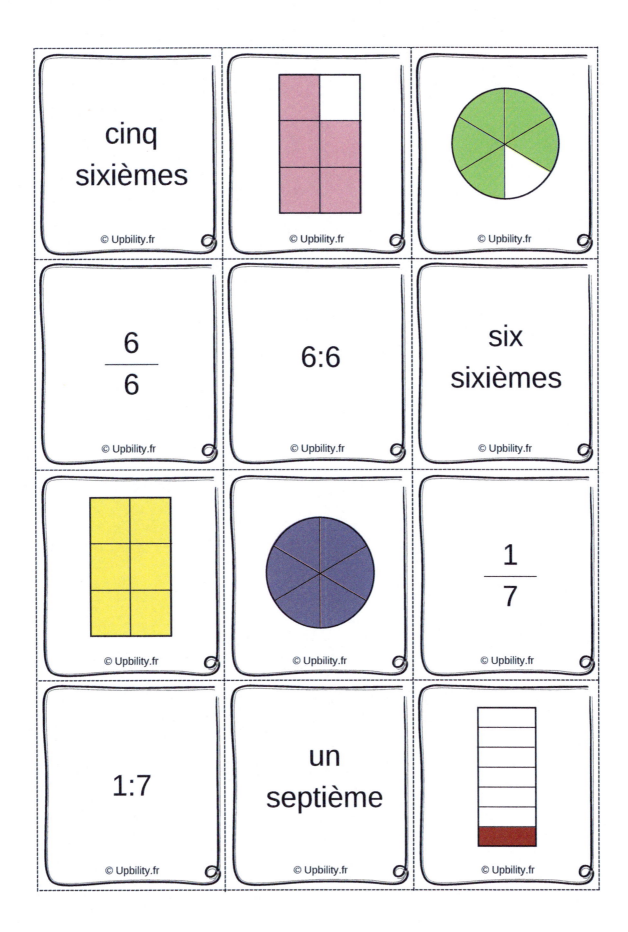

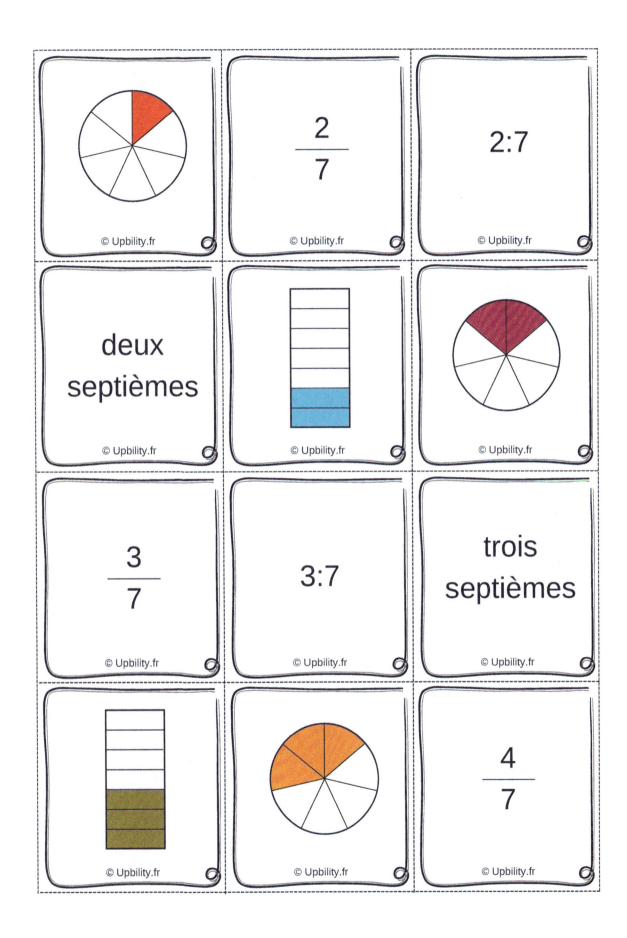

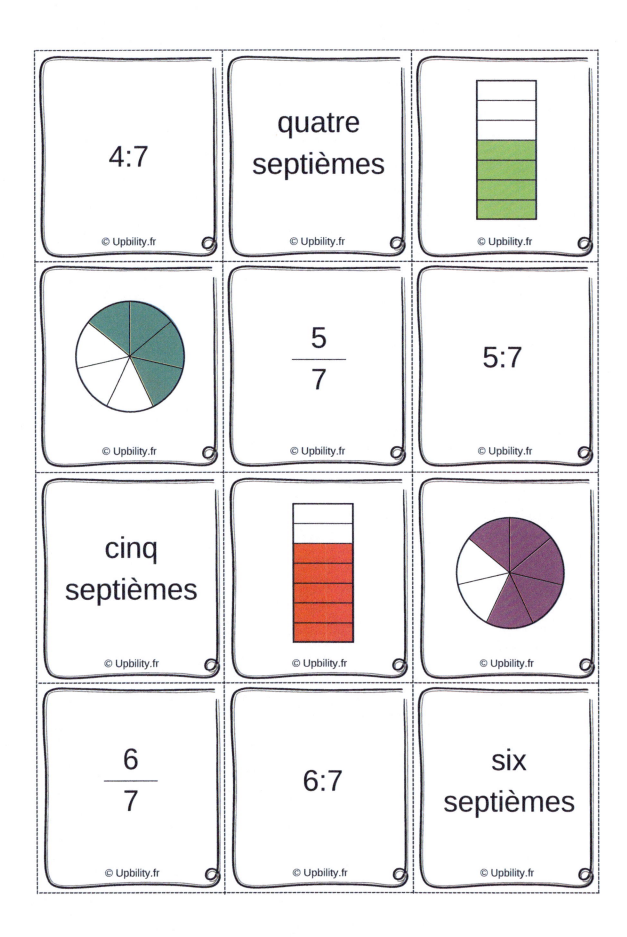

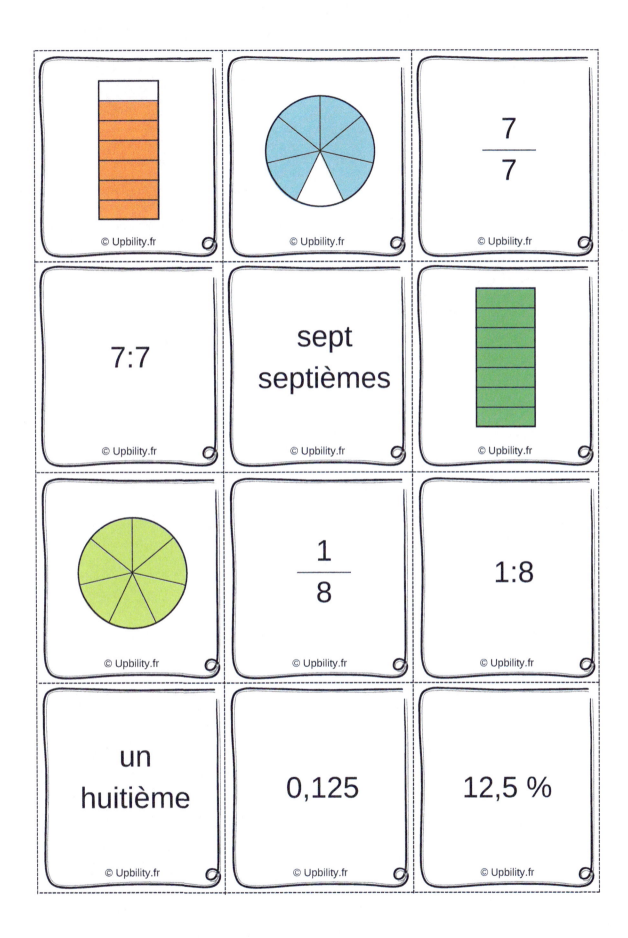

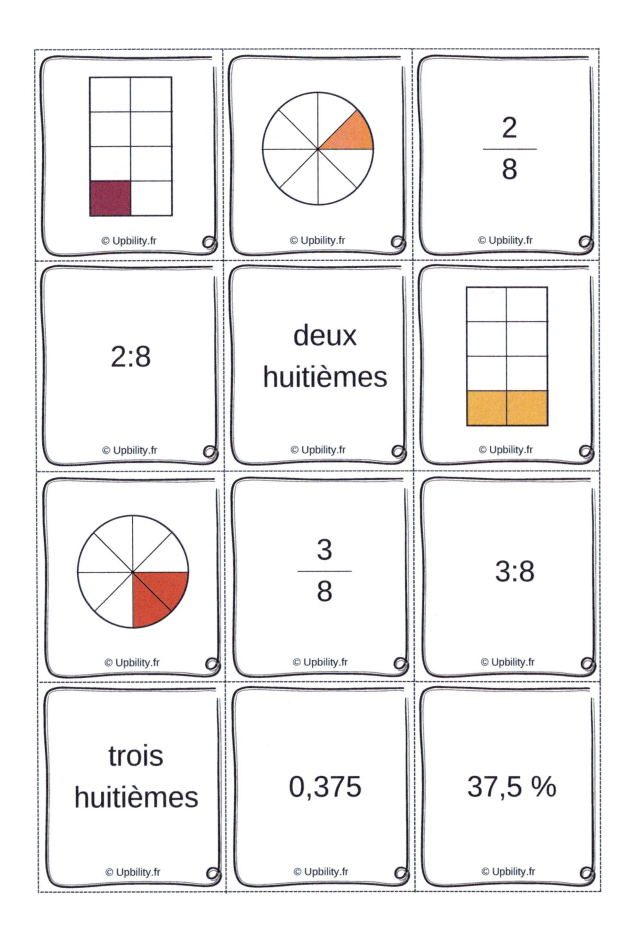

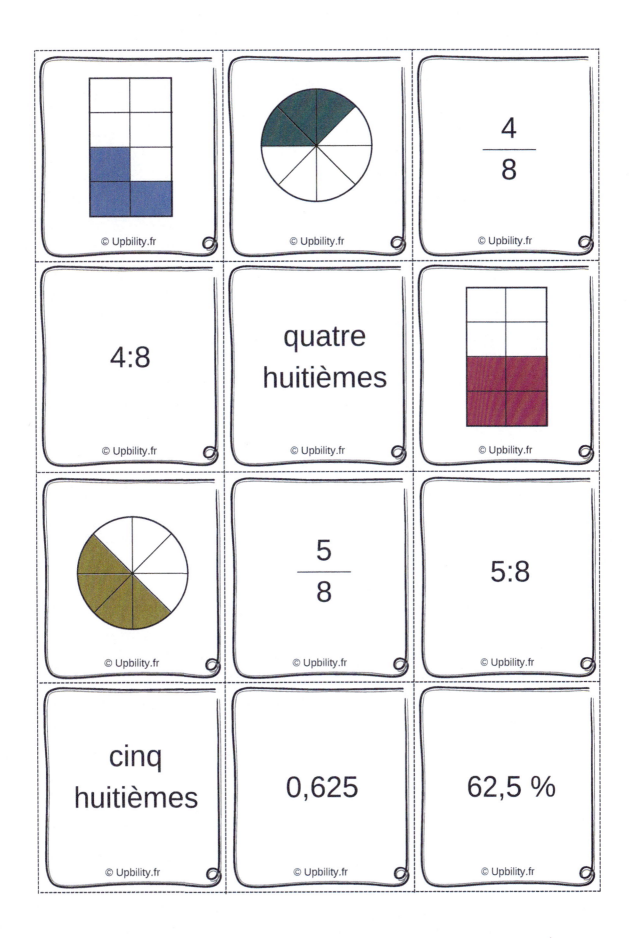

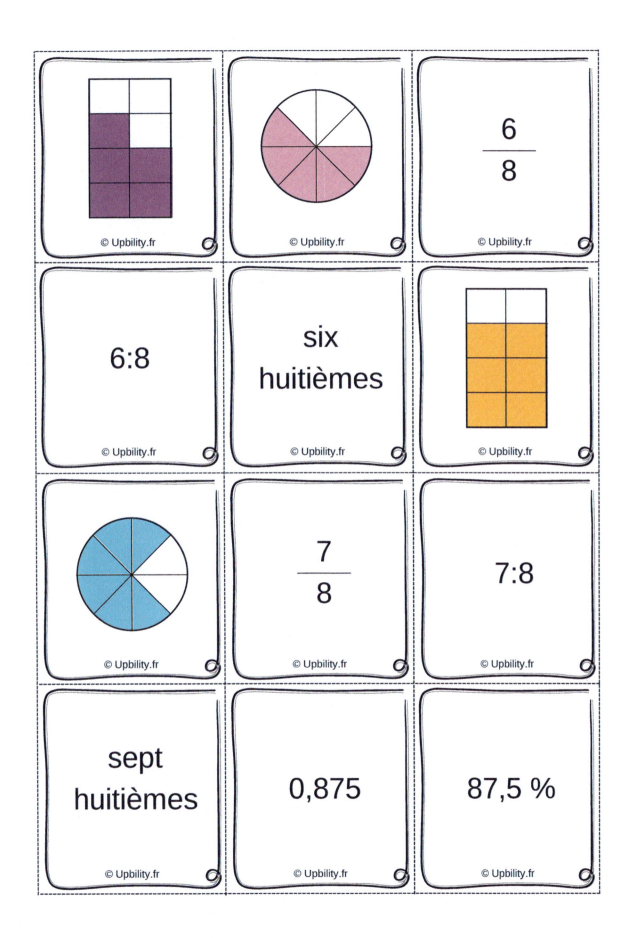

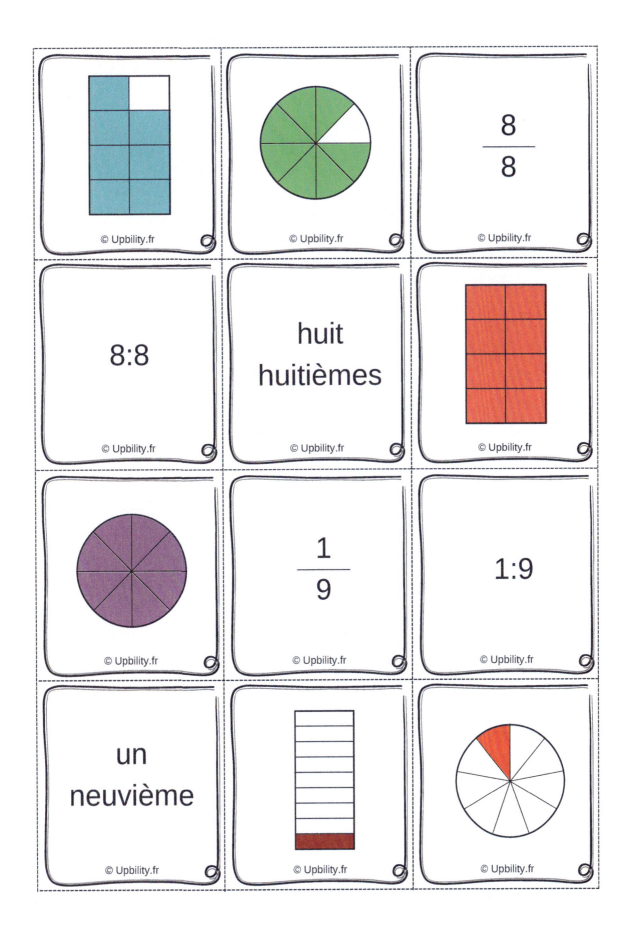

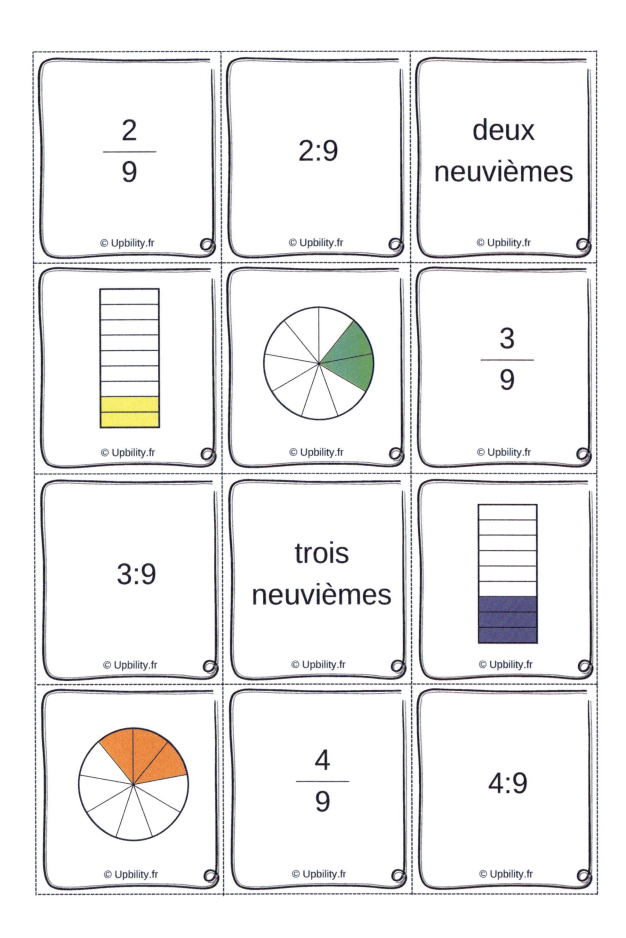

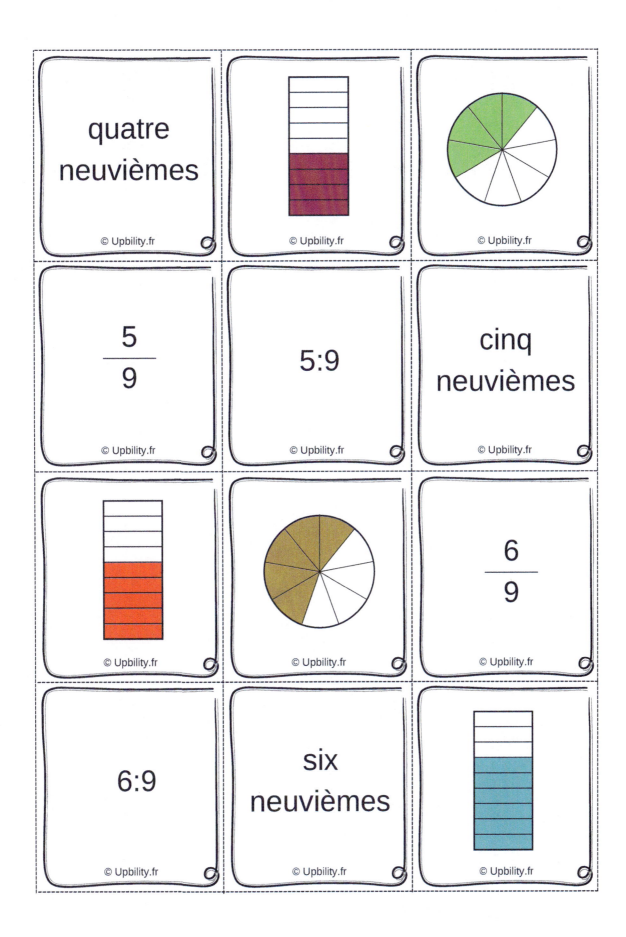

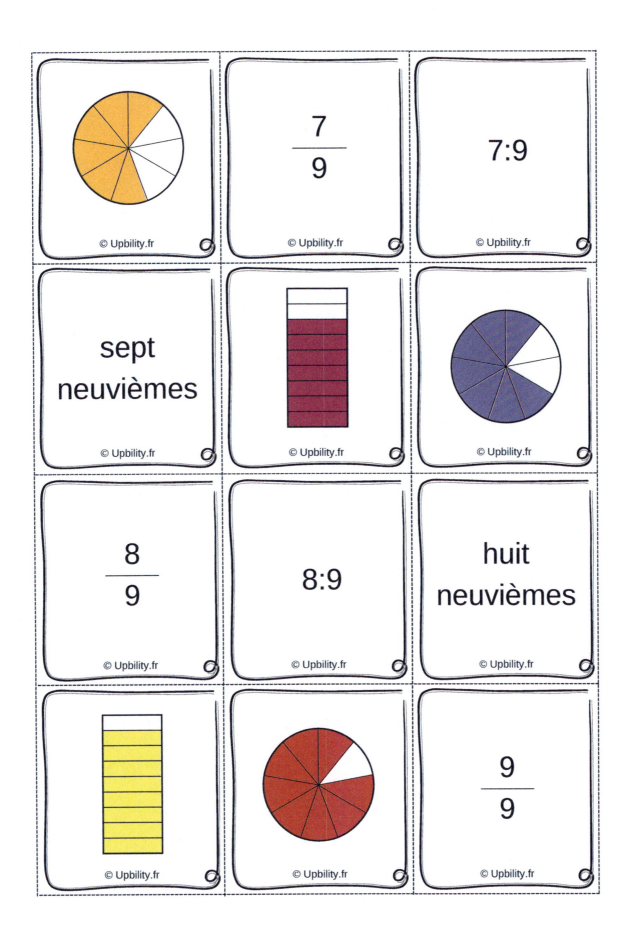

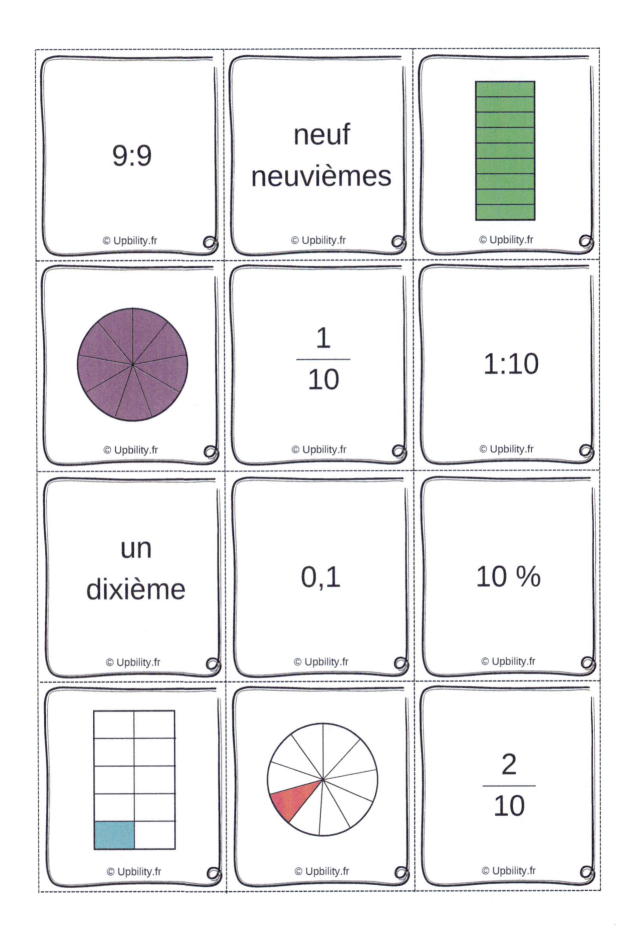

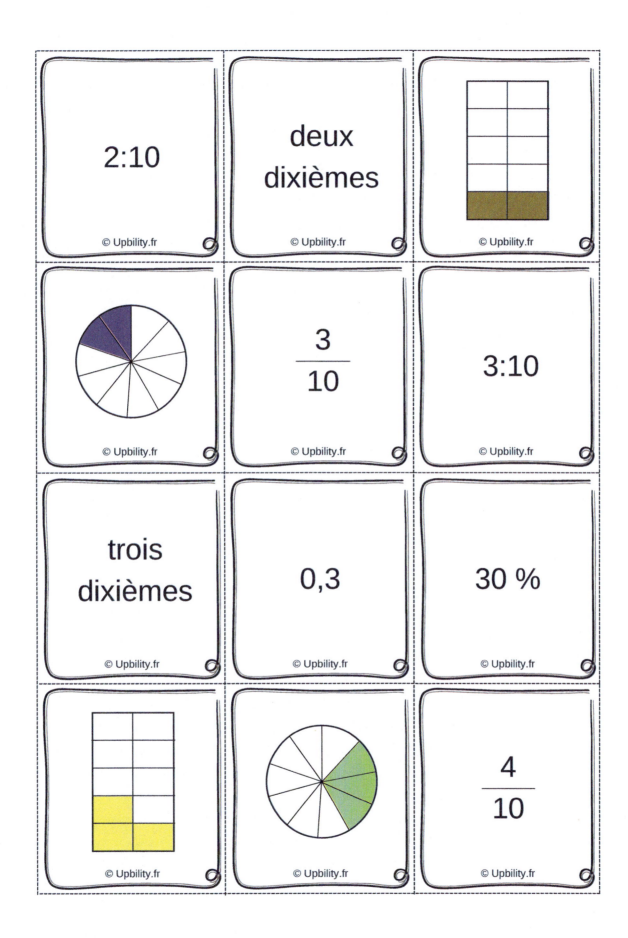

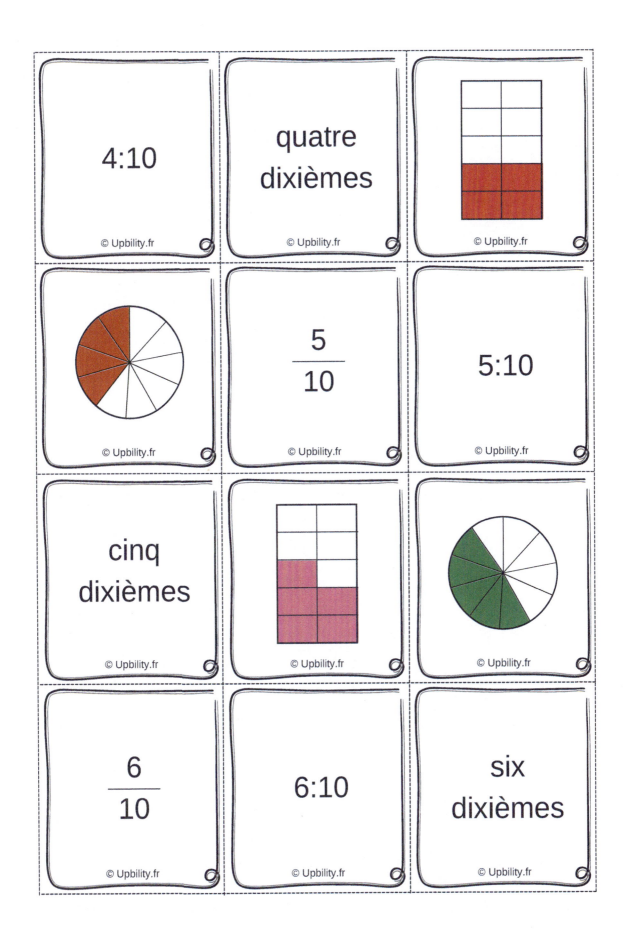

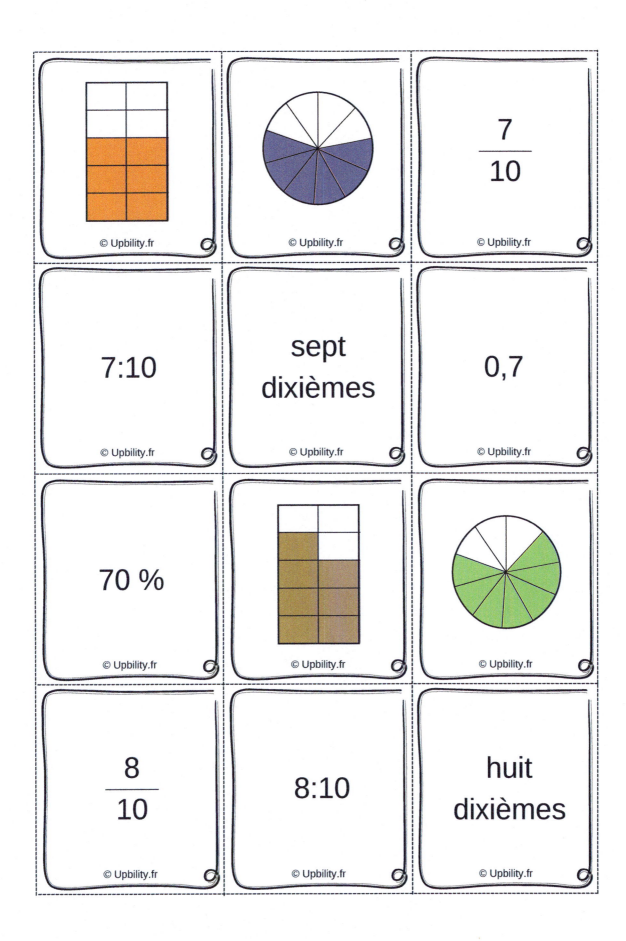

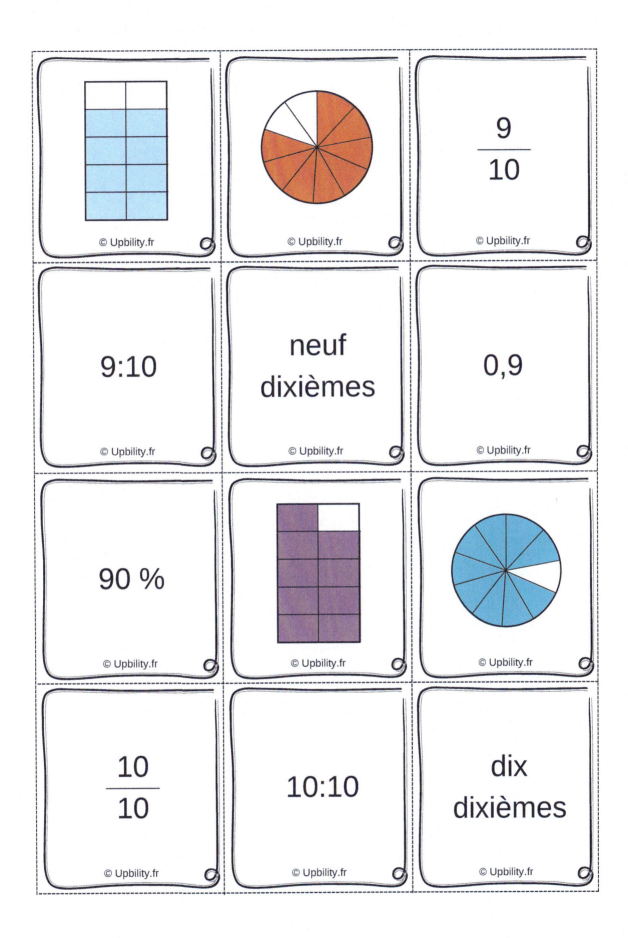

Les droits de propriété intellectuelle de ce livre appartiennent à son auteur et à son éditeur. Toute reproduction de son contenu sans autorisation écrite de ses propriétaires est interdite. Toute violation de ces droits constitue un délit.

SKU: FR-EB1127

Printed by Amazon Italia Logistica S.r.l.
Torrazza Piemonte (TO), Italy

51818414R00098